© Verlag Zabert Sandmann GmbH, München
1. Auflage 2006
ISBN (10) 3-89883-159-0
ISBN (13) 978-3-89883-159-8

Rezepte und Texte	Julei M. Habisreutinger, Linda Walz
Redaktion	Gertrud Köhn
Redaktionelle Mitarbeit	Siegmund Grewenig, Hilla Stadtbäumer, Anita Ljubic
Grafische Gestaltung	Barbara Markwitz, Julia Wurzer
Zeichnungen	Oliver Sütterlin, Viola Hövelmann
Coverfoto und Foodfotos	Karl Newedel
Herstellung	Karin Mayer, Peter Karg-Cordes
Lithografie	Christine Rühmer
Druck/Bindung	L.E.G.O., Vicenza

Besucht uns auch im Internet unter www.zsverlag.de

Die MAXI-MINI-Maus-PARTYREZEPTE

Feiern rund ums Jahr – Ideen, Tipps und Tricks für kleine & große Maus-Fans

ZABERT SANDMANN

Dieses Buch gehört:

Inhalt

Vorwort

Kinder lieben Feste. Allen voran natürlich den Geburtstag. Aber auch bei Familienfeiern und Festen in Kindergarten und Schule sind sie mit Freude dabei.

Das Motto macht's

Besonders schön wird ein Kinderfest, wenn man zuvor ein Motto festlegt. Dekoration, Kostüme und Büfett danach auszurichten bedarf zwar einer gewissen Planung und Vorbereitung, sorgt aber für tolle Stimmung. Das Buch „Partyrezepte mit der Maus“ stellt deshalb acht Mottofeste vor, die dem Jahreslauf folgen: Zu Beginn ein „Buntes Maskenfest“, im Frühling eine „Hasenparty“ und ein „Maikäferfest“. Der Sommer wartet mit einem „Picknick im Grünen“ und einer „Piratenparty“ auf, der Herbst mit einem „Drachenfest“ und einer schauerlichen „Halloween-Party“. Ein winterliches „Schneeflockenfest“ rundet das Jahr ab.

Zur Einstimmung eine Sachgeschichte

Zum Auftakt der Feste gibt es jeweils eine Sachgeschichte. Nach bewährtem Maus-„Rezept“ werden darin Fragen wie „Woher kommen die Maikäfer?“ oder „Was aßen die Piraten?“ oder „Warum fliegt ein Drachen?“ beantwortet. Vielleicht mag man sie auch seinen Gästen einfach vorlesen …

Jede Menge Tipps …

Der Geschichte folgen Ideen zur Dekoration und Bastelanregungen, ein ausführlicher Party-Timer mit Stichworten zu Planung, Vorbereitung und Durchführung des Fests sowie zahlreiche praktische Tipps zum Thema Feiern mit Kindern. Denn ein gelungenes Kinderfest will gut organisiert sein, damit die Party ein Erfolg wird und sowohl den Kindern als auch den Erwachsenen richtig Spaß macht.

... und tolle Rezepte

Und weil das Feiern hungrig und durstig macht, bilden eine Vielzahl neuer, pfiffiger Partyrezepte den Schwerpunkt dieses Buchs. Dabei werden viele Rezepte mit Schritt-für-Schritt-Fotos erklärt und jede Menge küchentechnischer Tipps gegeben und zahlreiche Tricks verraten. Alle Gerichte sind für zehn Gäste gedacht. Sind jedoch beispielsweise nur fünf Kinder zum Fest eingeladen, so halbiert man einfach die Menge der angegebenen Zutaten. Einige der Gerichte lassen sich auch prima während der Party selbst zubereiten. Jeder Gast bekommt dann eine kleine Kochaufgabe und so kann die ganze Festgesellschaft zusammen Pizza oder Nusstörtchen backen oder fürs Schoko-Fondue Obst klein schneiden.

Vorbereitung ist Trumpf

Aus den jeweils acht Rezepten pro Fest kann man sich nach Lust und Laune seine Favoriten auswählen. Und damit keine Hektik entsteht, kann man viele Gerichte natürlich auch schon im Voraus machen. Im Party-Timer ist vermerkt, welche Speisen sich gut vorbereiten lassen und welche man mit den Kindern während der Party zubereiten kann. Vieles eignet sich auch zum Einfrieren. Man schiebt es einfach erst kurz vor der Party in den Ofen.

Ein Buch für Eltern und Kinder

Kinderfeste werden zwar meist von den Eltern geplant, organisiert und begleitet, doch Kinder beteiligen sich gern an der Vorbereitung ihrer Feste und bringen Anregungen ein. Deshalb richtet sich das Buch an Eltern und Kinder gleichermaßen.

Nicht nur für Geburtstagskinder

Die Feste in diesem Buch sind für Kinder zwischen vier und zwölf Jahren angelegt. Sie eignen sich zur Feier eines Geburtstags genauso wie zu jedem anderen Anlass. Denn warum nicht einmal im Sommer ein paar Freunde einladen, auch wenn man erst im Winter Geburtstag hat? Also: Einfach blättern, sich anregen lassen – und schon fängt die Party an. Denn Vorfreude ist immer die schönste Freude…

Maskenfest

Mit Omas Rock und Mamas Perlenkette kann man sich schnell in eine elegante Dame verwandeln, ein Krönchen auf dem Kopf verleiht königliche Gefühle, und Theaterschminke und ein Vampirgebiss lassen das sanfteste Kind zum Fürchten aussehen. Verkleiden macht Spaß, denn es ermöglicht mit einfachen Mitteln eine ganz andere Persönlichkeit anzunehmen.

Fasching, Fastnacht, Karneval

Jeder möchte mal eine andere Rolle spielen …

Nicht nur Kinder, auch Erwachsene hatten immer schon Freude an Verkleidung und Rollentausch. Und der beste Ort, diesen Verwandlungs- und Spieltrieb auszuleben, war und ist das Theater. Bereits im 15. Jahrhundert gab es Berufsschauspieler. Sie reisten als fahrendes Volk übers Land und brachten die Zuschauer mit ihren Vorführungen zum Lachen oder zum Weinen. Und da Frauen damals noch nicht auftreten durften, schlüpften einfach männliche Schauspieler in Frauenkleider. Heute können sich alle Leute einmal im Jahr nach Herzenslust verwandeln: an Karneval, auch Fastnacht oder Fasching genannt.

Winteraustreibung mit Mummenschanz

Ursprünglich diente dieses Verkleiden aber nicht nur dem Spaß. In alter Zeit glaubte man, mit schauerlichen Masken die bösen Geister des Winters zu vertreiben. Wer einmal die Umzüge der schwäbisch-alemannischen Fastnacht gesehen hat, kennt die urtümlichen Holzmasken, die an diese Tradition

anknüpfen. Unsere Vorfahren waren außerdem der Meinung, wenn sie besonders viel Lärm machten, würden die Saatkörner auf den Feldern aufwachen und anfangen auszutreiben. Und obwohl man heute weiß, dass die Saatkörner keine Ohren haben, kommen Schellen, Trommeln und Tröten auch bei modernen Umzügen noch zum Einsatz.

Streng wissenschaftlich

Die Bezeichnung Fastnacht leitet sich ganz einfach von „Nacht vor der Fastenzeit“ ab. Karneval, wie der Fasching am Rhein heißt, kommt vermutlich vom mittellateinischen „carne vale“, was so viel bedeutet wie: „Fleisch lebe wohl!“

Der „schmalzige Donnerstag“

Erster Höhepunkt des Faschings ist der „schmalzige Donnerstag“. An diesem Tag wurden früher Faschingskrapfen in Schmalz gebacken. Fastnachtsspeisen sind traditionell fett und nahrhaft. Warum das so ist? Zum einen war in der Faschingszeit ein Ende des Winters abzusehen und die Bauern konnten guten Gewissens an ihre Schmalzreserven gehen, froh darüber, in der entbehrungsreichen Zeit nicht verhungert oder erfroren zu sein. Zum anderen stand die 40-tägige Fastenzeit bis Ostern bevor. Die Fastenregel verbot, Fleisch, Milchprodukte und Eier zu sich zu nehmen. Vor allem Milch und Eier sind leicht verderblich. Also musste man die Vorräte aufbrauchen.

Buntes Maskenfest

Verkleiden ist Trumpf

Hat ein Kind um die Faschingszeit herum Geburtstag, liegt es nahe, ein Maskenfest zu veranstalten. Doch auch zu jeder anderen Jahreszeit kommt „Verkleiden“ gut an. Dabei sind der Fantasie keine Grenzen gesetzt. Es gilt allein: je bunter, umso schöner.

Bevor es losgeht

Mittelpunkt des Kinderfests ist der Esstisch. Denn hier scharen sich die Gäste um den kleinen Gastgeber, hier wird gesungen, und hier werden die Kerzen auf dem Geburtstagskuchen ausgeblasen. Außerdem machen Spielen und Toben hungrig und durstig. Und weil das Auge mitisst, rundet ein pfiffig dekorierter Tisch die fantasievoll angerichteten Speisen ab.

Luftschlangen über dem Tisch auszublasen macht riesigen Spaß, und die Luftschlangenspiralen sehen hübsch aus. Aus zwei verschiedenfarbigen Krepppapierstreifen kann man ohne viel Aufwand **Hexentreppen** falten. Dafür legt man den Anfang des einen Streifens längs und den des zweiten quer dazu übereinander und klebt diese aneinander fest. Nun knickt man das untere Krepppapier über das obere und streicht es glatt. Das Gleiche macht man mit dem nun zuunterst liegenden usw. Wenn die Streifen aufgebraucht sind, die beiden Enden zusammenkleben. Die Hexentreppe auseinander ziehen und über den Tisch legen. Schon kleine Kinder beteiligen sich begeistert an der Herstellung von **Glitzer-Konfetti**. Einfach Goldpapier mit dem Locher ausstanzen und das Konfetti über den Tisch streuen.

Lustige Tischkarten

Dem Gerangel um den besten Platz an der Festtagstafel kann man leicht Abhilfe schaffen, indem man die Tischordnung vorher festlegt. Die Suche nach dem richtigen Platz kann man zu einem kleinen Ratespiel machen. Und das geht so: Die einzelnen **Buchstaben**, aus denen sich die Namen der Gäste zusammensetzen, aus buntem Tonpapier ausschneiden und sie wie zufällig auf dem Tisch verteilen. Nur die Anfangsbuchstaben der Namen auf die einzelnen Teller legen. Die restlichen Buchstaben dürfen die Kinder sich selbst zusammensuchen. Hat jedes Kind seinen Namen gefunden, wird schnell klar, dass eine Tischordnung entstanden ist, bei der vor allem die Kinder nebeneinander sitzen, die sich gut verstehen. Viel Vergnügen macht es natürlich auch, wenn man gemeinsam mit den kleinen Gästen die Buchstaben ausschneidet und sie danach auf den einzelnen Tellern verteilt.

Und so macht man Knallbonbons:

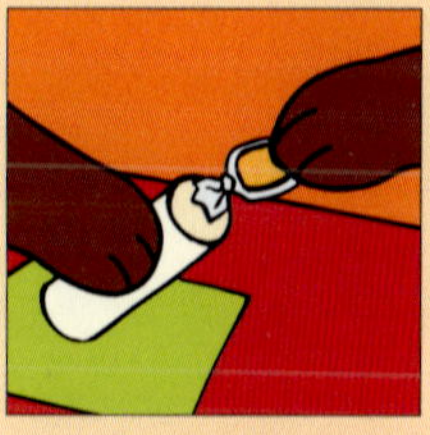

1. Das Bonbon (z. B. Sahnebonbon von S. 20) in eine etwa 3 x 8 Zentimeter lange Röhre aus Tonpapier stecken.

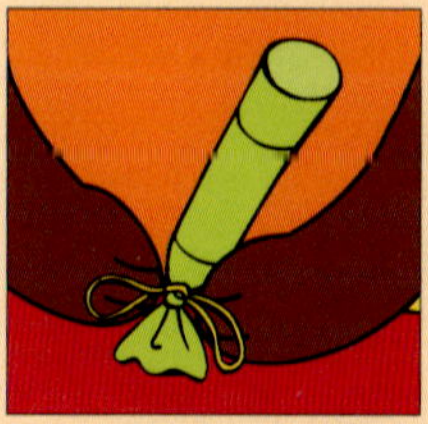

2. Die Papierröhre mit einem je 5 Zentimeter überstehenden Seidenpapier umwickeln und auf einer Seite zubinden.

3. Dann mit einem Trichter von oben viele bunte Konfetti in die Tonpapierröhre einfüllen und die andere Seite ebenfalls zubinden.

4. Auf diese Weise so viel Knallbonbons wie gewünscht herstellen. Schlägt man kräftig auf das Bonbon, dann knallt es!

Party-Timer

2 Wochen vor dem Fest

- Ort und Dauer des Fests festlegen
- Gästeliste aufstellen
- Gäste einladen, evtl. Helfer organisieren

1 Woche vor dem Fest

- Kreppbänder, Luftschlangen, Tonpapier, Goldpapier etc. besorgen und Bastelarbeiten ausführen
- Lebensmittel kaufen, die lange haltbar sind (Kartoffeln, Sellerie, Schokolade, Backzutaten usw.)

1 bis 2 Tage vor dem Fest

- Restliche Lebensmittel einkaufen
- **Butterkuchen** und **Schokoladen-Nuss-Pralinen** backen und dekorieren, **Sahnebonbons** vorbereiten
- Partyraum dekorieren

Am Vormittag des Festtags

- **Salat** und Dressing vorbereiten
- **Sellerieschnitzel** panieren und **Gefüllte Kartoffeln** füllen und in die Auflaufform setzen
- **Krapfen** backen (Achtung: Sollten Kinder nicht alleine frittieren!)
- **Sahnebonbons** fertig stellen
- Teller, Besteck und Gläser für nachmittags und abends vorbereiten

Kurz bevor die Gäste kommen

- Tisch decken, Tonpapier-Buchstaben verteilen
- **Kindercappuccino** kochen und bereitstellen

Während des Fests

- Mit den Gästen **Knallbonbons** basteln
- **Sellerieschnitzel** braten und **Gefüllte Kartoffeln** in den Ofen schieben
- **Salat** anmachen

Wie viele Gäste soll man einladen?

Bei der Planung eines Kindergeburtstags taucht immer wieder die Frage auf: Wie viele Gäste sollen es sein? Die Faustregel, so viele Gäste einzuladen, wie das Geburtstagskind an Jahren zählt, hat sich bewährt. Auch die Dauer des Fests sollte man in etwa vorausplanen und am besten gleich auf der Einladungskarte vermerken. Für Vierjährige sind zwei Stunden die Obergrenze, während Acht- bis Neunjährige schon vier bis fünf Stunden durchhalten.

Schokoladen-Nuss-Pralinen

Für etwa 24 Pralinen braucht man:

100 g Blockschokolade
200 g geriebene Haselnüsse
150 g Butter
200 g Puderzucker
2 EL Mehl
je 100 g weiße und Vollmilchkuvertüre

1. Die Schokolade auf einer Küchenreibe reiben oder mit der Küchenmaschine zerkleinern. Den Backofen auf 160 Grad (Umluft 150 Grad) vorheizen.

2. Haselnüsse in einer Pfanne ohne Fett auf höchster Stufe erhitzen, kurz rösten und dabei umrühren.

3. Die Butter in kleine Stückchen schneiden und in eine Schüssel geben. Den Puderzucker und das Mehl dazu-

geben. Die Haselnüsse und die Schokolade hinzufügen und alles erst mit einem Rührlöffel, dann mit den (gewaschenen!) Händen zu einem Teig kneten. Aus dem Teig kleine Kugeln formen und auf ein mit Backpapier ausgelegtes Blech setzen.

4. Die Schokoladen-Nuss-Pralinen (mit Topfhandschuhen!) auf die mittlere Schiene im Backofen schieben und etwa 20 Minuten trocknen. Nicht länger, sonst werden sie hart!

5. Inzwischen beide Kuvertüren in kleine Stücke bröckeln und jeweils in einer kleinen Schüssel im Wasserbad nacheinander schmelzen lassen.

6. Die Pralinen mit Topfhandschuhen aus dem Ofen nehmen, kurz abkühlen lassen. Die Hälfte der Pralinen in die dunkle, die andere Hälfte in die weiße Kuvertüre tauchen.

7. Die Pralinen trocknen lassen und in kleine Pralinenförmchen setzen.

Kuvertüre schmelzen – so wird's gemacht:

1. Die zerbröckelte Kuvertüre im Wasserbad schmelzen lassen und immer wieder umrühren.

2. Die Pralinen (siehe links) mit der Oberseite in die Kuvertüre tauchen und trocknen lassen.

Krapfen

Für etwa 10 Krapfen braucht man:

$^{1}/_{4}$ l Milch
1 Würfel frische Hefe (42 g)
75 g Zucker • 60 g Butter
600 g Mehl • Salz • 2 Eier
Mehl für die Arbeitsfläche
750–1000 g Fett zum Frittieren

Zum Füllen und Verzieren:

10 EL Aprikosen- oder Himbeermarmelade • 2 TL Senf
Puderzucker

1. Die Milch in einem kleinen Topf bei mittlerer Hitze erwärmen. Aufpassen: Sie darf nur lauwarm sein!

2. Die Hefe in die lauwarme Milch bröckeln und 1 Prise Zucker dazugeben. Den Topf mit einem (sauberen!) Küchentuch abdecken und die Hefe etwa 10 Minuten gehen lassen.

3. Die Butter in einem Topf auf mittlerer Stufe schmelzen und wieder abkühlen lassen. Den Backofen auf 50 Grad vorheizen.

4. Das Mehl, den restlichen Zucker, 1 Prise Salz und die Eier in einer Schüssel mit den Knethaken des Rührgeräts kurz verrühren.

5. Die zerlassene Butter und die Hefemilch dazugeben und den Teig mit dem Rührgerät kneten, bis er nicht mehr am Schüsselrand klebt.

6. Den Backofen wieder ausschalten. Die Teigschüssel mit einem Küchentuch zudecken, in den Ofen stellen und den Teig so lange gehen lassen, bis er etwa doppelt so groß geworden ist. Das dauert ungefähr 45 Minuten.

7. Danach den Teig mit den Händen gut durchkneten und auf der bemehlten Arbeitsfläche mit dem Nudelholz etwa 3 Zentimeter dick ausrollen.

8. Mit einem Glas Krapfen von etwa 4 Zentimeter Durchmesser ausstechen (siehe rechts). Die Krapfen auf ein bemehltes Blech legen und weitere 15 Minuten gehen lassen.

9. Das Fett in der Fritteuse oder in einem großen Topf auf höchster Stufe erhitzen. Die Temperatur des Fetts ist richtig, wenn Bläschen an dem Stiel eines hineingehaltenen Holzrührlöffels aufsteigen.

10. Die Krapfen auf mittlerer Stufe nacheinander auf beiden Seiten 4 Minuten backen. Mit einem Schaumlöffel herausnehmen und auf Küchenpapier abtropfen lassen.

11. Eine Krapfenspritze oder einen Spritzbeutel mit Marmelade füllen. Damit seitlich in die Krapfen stechen und die Marmelade hineinspritzen (siehe rechts). Zwei Scherzkrapfen mit Senf füllen. Die Krapfen mit Puderzucker bestäuben.

Krapfen backen – so wird's gemacht:

1. Aus dem ausgerollten Teig mit einem Glas Kreise von etwa 4 Zentimeter Durchmesser ausstechen.

2. Mit einer Krapfenspritze oder einem Spritzbeutel seitlich in die frittierten Krapfen stechen und sie mit Marmelade füllen.

Sahnebonbons

Für etwa 100 Sahnebonbons braucht man:

1 TL Öl

600 g Zucker

100 g Honig

500 g Sahne

30 g Butter

1. Ein großes Tablett oder Blech einschließlich Rand mit Alufolie auskleiden. Die Alufolie mit Öl bepinseln.

2. Den Zucker, den Honig und 10 EL Wasser in einem großen Topf auf höchster Stufe erhitzen und 2 bis 3 Minuten sprudelnd kochen lassen. Gut umrühren, dann den Topf von der Herdplatte nehmen.

3. Die Sahne in einem weiteren großen Topf aufkochen, dann die Zuckermasse dazugießen und mit dem Rührlöffel wieder gut verrühren.

4. Die Sahne-Zucker-Masse bei mittlerer Hitze so lange unter Rühren kochen, bis sie braun wird. Das dauert mindestens 30 Minuten.

5. Nun die Butter unterrühren und den Topf vom Herd nehmen. Etwas Karamell-

masse auf einen kühlen Teller tropfen lassen, um zu prüfen, ob sie fest wird.

6. Wenn der Tropfen nicht fest wird, muss die Karamellmasse noch weiterkochen. Wird der Tropfen fest, die ganze Masse auf das eingeölte Blech gießen und kurz (!) abkühlen lassen.

7. Das Tablett auf eine Kuchenplatte oder einen großen Teller stürzen und die Alufolie sofort abziehen. Die Karamellmasse über Nacht kalt stellen.

8. Ein Kuchenmesser etwas einölen und die Karamellmasse in kleine Würfel schneiden.

Übrigens...

Sahnebonbons heißen auch Karamellbonbons, weil sie aus Karamell gemacht werden. Das ist gebräunter Zucker. Von Karamell kommt übrigens auch das Wort „Kamellen“. So heißen im Kölner Karneval alle Arten von Süßigkeiten, die während des Umzugs den „Jecken“ zugeworfen werden... Kölle Alaaf!

Kindercappuccino

Für 10 Becher (à 0,25 l) braucht man:

100 g Vollmilchschokolade

200 g Zartbitterschokolade

2 l Vollmilch

$^1/_2$ l fettarme Milch

2 EL Kakaopulver

1. Die Schokoladentafeln in Stückchen brechen und in eine kleine Metallschüssel geben.

2. Einen mittelgroßen Topf etwa zu einem Drittel mit Wasser füllen. Die Schüssel mit der Schokolade in den Topf stellen und das Wasser auf höchster Stufe zum Kochen bringen.

3. Dabei die Schokolade langsam schmelzen lassen. Ab und zu umrüh-

ren, damit sie gleichmäßig schmilzt. Wenn die Masse zu fest wird, etwas Milch dazugeben.

4. Einen weiteren Topf mit kaltem Wasser ausspülen (nicht abtrocknen, damit die Milch nicht anbrennt), dann die Vollmilch hineingeben und auf mittlerer Stufe erwärmen.

5. Ist die Milch warm, einige Esslöffel zur geschmolzenen Schokolade geben und gut verrühren. Dann die Schokoladenmasse zur restlichen warmen Milch geben und mit dem Schneebesen kräftig durchrühren. Auf der ausgeschalteten Herdplatte warm halten.

6. Die fettarme Milch in einem weiteren Topf bei mittlerer Hitze erwärmen und mit dem Schneebesen ganz fest schlagen, bis ein lockerer Schaum entstanden ist.

7. Das Schokoladengetränk nicht bis ganz oben in hohe Becher füllen. 2 bis 3 EL von der Schaummilch auf jeden Becher geben und zum Schluss mit Kakaopulver leicht bestreuen. Mit langstieligen Löffeln servieren.

Übrigens...

Cappuccino ist ein italienisches Wort und bedeutet auf Deutsch „kleine Kapuze“. Vor allem im österreichischen Raum ist das Getränk auch als „Kapuziner“ bekannt. Es ist eine Tasse heißer Kaffee oder heiße Schokolade – mit einer kleinen Mütze aus Milchschaum oder geschlagener Sahne!

Butterkuchenwürfel

Für 1/2 Backblech braucht man:

Für den Teig:

100 g Butter • 100 g Zucker

3 Eier • 100 ml Milch

300 g Mehl

1/2 Päckchen Backpulver

etwas Butter für das Blech

Zum Verzieren:

250 g Puderzucker

50 g Kakaopulver

5–6 EL heißes Wasser

100 g Kokosraspel

1. Die Butter in kleinen Stückchen in eine Schüssel geben. Den Zucker hinzufügen und die Eier in die Schüssel aufschlagen. Mit den Quirlen des Rührgeräts schaumig schlagen. Dann die Milch dazugießen.

2. Mehl und Backpulver in einer Schüssel vermischen und nach und nach unter das Eier-Butter-Gemisch rühren. Falls der Teig zu fest wird, noch etwas Milch hinzufügen.

3. Den Backofen auf 200 Grad (Umluft 180 Grad) vorheizen. Ein Backblech zur Hälfte mit Butter einfetten. Dann den Teig gleichmäßig etwa 2 Zentimeter dick auf die gefettete Hälfte streichen und das randlose Ende mit Alufolie begrenzen, damit der Teig nicht verläuft.

4. Das Blech (mit Topfhandschuhen!) auf die mittlere Schiene im Backofen schieben und den Kuchen etwa 30 Minuten backen.

5. Puderzucker und Kakaopulver in einer kleinen Schüssel vermischen. Das Wasser dazugießen und mit einem Löffel zu einem Guss rühren.

6. Den Kuchen mit Topfhandschuhen herausnehmen und kurz abkühlen lassen.

7. Den Kuchen mit Guss bestreichen und mit den Kokosrapeln bestreuen. Den Kuchen mit einem großen Messer in Würfel schneiden.

Übrigens...

Die Butterkuchenwürfel heißen in Australien „Lamingtons“ und stehen bei allen Kindern hoch im Kurs. Nicht nur weil sie süß und superlecker sind, sondern auch weil man sie ganz einfach selber machen kann. Traditionell werden an Schulfesten selbst gebackene Lamingtons von den Kindern verkauft. Der Erlös kommt dann meist der Schule oder einer Hilfsorganisation zugute.

Sellerieschnitzel

Für 10 Portionen braucht man:

800 g Sellerie (2 mittelgroße Knollen)

1 TL Salz

1 EL Zitronensaft • 2–3 Eier

4 EL frisch geriebenen Parmesan

6 EL Paniermehl

6 EL Olivenöl zum Braten

1. Den Sellerie waschen und schälen. Etwa 2 Liter Wasser in einem Topf auf höchster Stufe zum Kochen bringen. Das Salz und den Zitronensaft hineingeben und den Sellerie etwa 20 Minuten darin kochen. Dabei darauf achten, dass er nicht zu weich wird.

2. Den Sellerie mit einem Schaumlöffel herausnehmen, abtropfen und etwas abkühlen lassen. In 1 Zentimeter dicke Scheiben schneiden.

3. Die Eier in eine Teller aufschlagen und mit einer Gabel verquirlen. Den Käse mit dem Paniermehl in einem weiteren Teller vermischen.

4. Die Selleriescheiben nacheinander zuerst in den Eiern, dann in der Käsemischung wälzen.

5. In einer Pfanne ein Drittel des Öls auf höchster Stufe erhitzen, ein Drittel der Sellerieschnitzel darin von beiden Seiten jeweils 10 Minuten braten.

6. Dann nacheinander die restlichen zwei Drittel des Öls erhitzen und die restlichen Schnitzel ebenfalls auf beiden Seiten goldbraun braten.

- Die Sellerieschnitzel lassen sich je nach Gästeanzahl auch gut in kleine Stücke teilen.
- Zu den Sellerieschnitzeln passen auch die Dips von Seite 72.

Schnitzel-Geheimnis

Vor etwa 200 Jahren aß der österreichische Heerführer Graf Joseph Radetzky in Mailand ein fein paniertes Schnitzel. Es schmeckte ihm so gut, dass er das Rezept sofort – als militärisches Geheimnis – nach Wien melden ließ. Seither gibt es das „Wiener Schnitzel". Doch nicht nur Fleisch kann man nach Art des Wiener Schnitzels in einer Panade aus Paniermehl, Mehl, Eiern oder Käse wenden und braten. Das klappt auch mit Gemüsescheiben.

Gefüllte Kartoffeln

Für 10 Kartoffeln braucht man:

Für die Füllung:

1 kleine Zwiebel • 1 Möhre

2–3 EL Erbsen (tiefgekühlt)

2 EL Öl • 120 g Rinderhackfleisch

1 TL Salz • Pfeffer

Zimt- und Muskatnusspulver

3 Tomaten • 1/2 EL Butter für die Form

Zum Füllen:

10 mittelgroße Kartoffeln

1. Die Zwiebel abziehen, halbieren und in feine Würfel schneiden. Die Möhre schälen, halbieren und in kleine Stücke schneiden. Die Erbsen in einem Sieb abtropfen lassen.

2. Das Öl in einer Pfanne auf höchster Stufe erhitzen, die Zwiebelwürfel darin glasig dünsten. Das Hackfleisch dazugeben, mit dem Salz und jeweils 1 Prise Pfeffer, Zimt und Muskatnuss würzen. Auf mittlere Stufe zurückschalten und das Fleisch gut braten, dabei ständig mit einem Rührlöffel umrühren.

3. Möhren und Erbsen dazugeben, kurz weiterbraten, alles gut durchmischen, dann die Pfanne von der Herdplatte nehmen.

4. Die Tomaten kreuzweise einschneiden, mit heißem Wasser überbrühen, die Haut abziehen und die Tomaten in kleine Würfel schneiden. In eine Schüssel geben, mit jeweils 1 Prise Zimt, Muskatnuss und Pfeffer würzen und beiseite stellen.

5. Die Kartoffeln waschen, schälen und an einem Ende so abschneiden, dass sie stehen können. Einen Deckel ab-

schneiden und die Kartoffeln mit einem Apfelentkerner oder einem Löffel nicht zu tief aushöhlen (die Kartoffeln müssen unten geschlossen bleiben). Den Backofen auf 200 Grad (Umluft 180 Grad) vorheizen.

6. Eine Auflaufform mit Butter ausstreichen. Die Fleischfüllung in die Kartoffeln drücken und mit einem Kartoffeldeckel verschließen. Die übrigen Kartoffelstücke in die Auflaufform geben und die Kartoffeln mit der Öffnung nach oben darauf setzen. Die Tomatenstücke über den Kartoffeln verteilen.

7. Die Auflaufform (mit Topfhandschuhen!) auf die mittlere Schiene im Backofen schieben und die Kartoffeln etwa 1 Stunde backen. Mit einer Gabel den Gartest machen. Sind die Kartoffeln noch nicht gar, weitere 10 bis 20 Minuten backen.

Bunter Wintersalat

Für etwa 10 Portionen braucht man:

3 Chicoréestauden

1 Eisbergsalat • 2 Orangen

2 mittelgroße Rote-Bete-Knollen

250 g saure Sahne

50 g Sahne • 5 EL Öl

2 EL Essig

Salz • Pfeffer

1. Vom Chicorée und vom Eisbergsalat die äußeren Blätter entfernen. Kaltes Wasser in das Spülbecken einlassen. Die restlichen Salatblätter ablösen und rasch in dem Wasser waschen. Gleich wieder herausnehmen und in ein Sieb geben. Gut abtropfen lassen. Den Chicorée in feine Streifen schneiden, den Eisbergsalat in kleinere Stücke zupfen.

2. Die Orangen schälen und mit einem scharfen Messer längs halbieren. Die

Hälften in dünne Scheiben schneiden, dabei den austretenden Saft auffangen.

3. Die Rote-Bete-Knollen erst waschen, dann mit dem Kartoffelschäler schälen. Erst quer in feine Scheiben schneiden, dann die Scheiben nochmals in Stäbchen schneiden.

4. Die saure Sahne in eine große Salatschüssel geben. Die Sahne, Öl und Essig dazurühren. Mit 1/2 TL Salz und 1 Prise Pfeffer würzen.

5. Die Orangenstückchen und die Rote-Bete-Stäbchen in die Soße geben. Zuletzt den Chicorée und den Eisbergsalat dazugeben und alles gut vermengen.

Und das kann man noch mit dem bunten Salat machen:

- Aus den Rote-Bete-Scheiben mit kleinen Ausstechformen Sterne, Schweinchen oder andere Figuren ausstechen.
- Dann die Rote-Bete-Figuren und die Orangenstückchen abwechselnd auf Zahnstocher spießen und zum übrigen Salat essen.
- Man kann statt Chicorée auch Chinakohl nehmen.

Aus Chicoréeblättern kann man wunderbar kleine Schiffchen machen und mit dem Salat füllen: Für jeden Gast zusätzlich ein Blatt kurz unter heißem Wasser waschen (dann schmeckt der Chicorée nicht so bitter!), auf den Teller geben und den Salat hineinfüllen.

Hasenparty

Das Ei, in dem ein Küken heranreift, gilt als Zeichen für Fruchtbarkeit und die Wiederkehr des Lebens schlechthin. Kein Wunder, dass schon Ägypter und Chinesen, Germanen und Griechen bei ihren Frühlingsfeiern Eier verschenkten und verspeisten. Und im christlichen Osterfest versinnbildlicht das Ei die Wiederauferstehung Jesu. Doch warum sind die Ostereier bunt? Damit man sie besser findet?

Ei, Ei, Ei ...

Eier als Zahlungsmittel

Gefärbt wurden die Eier, so behaupten die Geschichtsforscher, bereits im Mittelalter. Gründonnerstag war damals der Tag, an dem die Bauern an die so genannten Grundherren, das waren die Besitzer der Felder, die die Bauern bestellten, eine Art Feldbenutzungsgebühr bezahlen mussten. Das erledigte man damals nicht mit Geld, sondern mit Naturalien, zum Beispiel Getreide, Speck und vor allem Eier. Da sich die Hühner in der vorangegangenen langen Fastenzeit nicht vom Eierlegen abbringen ließen, hatte sich am Ende eine ganze Menge davon angesammelt. Für die Übergabe des Schuldzins färbte der Bauer ein Ei rot: das so genannte Antlass-Ei. Es wurde dem Lehensherrn als Letztes übergeben, als Zeichen, dass die Schulden bezahlt worden waren.

Bemalt und versteckt

Und will man der Geschichtsforschung glauben, so verging einige Zeit, bis der Osterhase dann im 17. Jahrhundert seinen Dienst aufnahm und die aufwändig und in allen Farben bemalten Eier versteckte.

Der Siegeszug des Schoko-Eis

Einen neuen Boom erlebte das Osterei mit der Erfindung der Schokolade gegen Ende des 19. Jahrhunderts. In buntes Staniolpapier gehüllt waren die Schokoladeneier länger haltbar als Hühnereier und bei Naschkatzen und Schleckermäulern sofort beliebt.

Überraschungseier de luxe

Am Hofe der russischen Zaren waren so genannte Überraschungseier ein beliebtes Ostergeschenk: Aufklappbare Eier aus Gold, in deren Inneren sich kunstvolle Objekte aus Halbedelsteinen und Diamanten, wie Tiere und Pflanzen verbargen. In einem etwa 14 Zentimeter hohen Ei befand sich sogar einmal eine ganze Miniatureisenbahn. Eines dieser Ostereier, die die russischen Zaren gern ihren Gattinnen schenkten, hat vor ein paar Jahren die Frau des Besitzers einer amerikanischen Hamburger-Restaurant-Kette ersteigert: Für stattliche 3,2 Millionen Dollar.

Hasenparty

Mit dem Frühling kommt der Hase

Neben dem Ei spielt der Hase in unseren Frühlings- und Osterbräuchen die Hauptrolle. Und zwar der Feldhase, nicht das Kaninchen. Das mag an seinem natürlichen Lebensraum liegen. Denn anders als das Kaninchen, das geschützt im Wald oder in Erdhöhlen lebt, wohnt der Hase in der Nähe der Menschen auf offenen Wiesen und sogar in Parkanlagen mitten in der Großstadt. Dort legt er zu Ostern ja bekanntlich viele bunte Eier…
Was liegt also näher, als zu Frühlingsbeginn eine Hasenparty zu feiern?

Eierkerzen und Frühlingsnester

Zu einem stilechten Hasenfest passt eine gelbe, weiße oder hellgrüne Tischdecke. Aus grünen Servietten kann man kleine **Nestchen** binden, in die die Gäste im Lauf der Party zum Beispiel ihre Gewinne legen können. Besonders schön sieht es aus, wenn bei jedem Gedeck eine Kerze steht. Zum Frühlingsanfang passen **Eierkerzen** sehr gut.
Beim Backen und bei der Zubereitung des Kresse-Eier-Salats (siehe Seite 52) die Eierschalen nicht einfach wegwerfen, sondern beim Aufschlagen bzw. beim Pellen darauf achten, dass jeweils zumindest eine intakte Ei-Hälfte übrig bleibt. Jeweils weißes und gelbes Wachs erhitzen, bis es flüssig ist. Dann zuerst weißes und, solange dieses noch weich ist, in dessen Mitte gelbes Wachs in eine Ei-Hälfte gießen. Einen Docht, der an seinem unteren Ende an einem Metallplättchen befestigt ist, (oder ein Docht aus einem Teelicht) hineinstecken und fertig ist die Eierkerze.

Blumen aus Papier

Auf einem Frühlingstisch dürfen natürlich die Blumen nicht fehlen: Man kann zum Beispiel zwei oder drei Narzissen in kleine Vasen (Joghurtgläser) stellen. Die Gläser zuvor entweder mit heißem Wasser vom Papier befreien oder mit buntem, selbst bemaltem oder beschriftetem Papier umwickeln. Schreibt man die einzelnen Namen der Gäste auf die Vasen, können sie auch als Tischkarten dienen. Viel Spaß macht es, aus Krepppapier hübsche **Blumen** zu basteln: Für das Innere einen Wattebausch mit gelbem Krepppapier umhüllen und unten mit einem Stück Blumendraht umwickeln. Für die Blütenblätter Papier in schmale Streifen schneiden, den breiten Rand zackig einschneiden. Die Blütenblätter in Falten um den gelben „Blütenstand" winden und mit Draht umwickeln. Aus dem restlichen Draht den Stängel formen, mit hellgrünem Krepp umwickeln und die Blume in ein mit Erde gefülltes kleines Töpfchen stecken. Die Blumen eignen sich auch gut als Abschiedsgeschenke für die Gäste.

Und so macht man ein Eier-Mobile:

1. Fünf Eier vorsichtig ausblasen (siehe Seite 39) und mit Wasserfarben oder Filzstiften bunt bemalen.

2. Schmale Bänder (etwa 30 cm lang) durch die Eier ziehen, dann unten zur Schleife binden und oben heraushängen lassen.

3. Je zwei Eier an die Enden von zwei langen Stäben (20 und 30 cm) knüpfen, ein Ei in die Mitte eines kürzeren Stabes (15 cm).

4. Die drei Stäbe mit einem Zwirnfaden jeweils in der Mitte verbinden und an die Decke hängen.

Party-Timer

2 Wochen vor dem Fest

- Ort und Dauer des Fests festlegen
- Gästeliste aufstellen
- Gäste einladen, Helfer organisieren

1 Woche vor dem Fest

- Bastel- und Dekomaterial besorgen (Kerzenwachs, Krepppapier, Blumendraht, Joghurtgläser usw.) und Bastelarbeiten ausführen
- Lebensmittel kaufen, die lange haltbar sind (Schokolade, Nüsse, getrocknete Aprikosen usw.)

1 bis 2 Tage vor dem Fest

- Restliche Lebensmittel einkaufen
- **Fleischbällchen** herstellen. **Rosinenschnecken** und **Tortenboden** backen. **Pasha-Quarkpudding** zubereiten
- Partyraum dekorieren

Am Vormittag des Festtags

- Eier kochen, Salat und Dressing vorbereiten
- Zutaten für die **Schoko-Eier** vorbereiten
- Zutaten für die **Mortadella-Sandwiches** vorbereiten
- Teller, Besteck und Gläser für nachmittags und abends vorbereiten

Kurz bevor die Gäste kommen

- Tisch decken, Servietten falten
- **Vitaminshakes** zubereiten, in große Glaskrüge füllen und bereitstellen
- **Mortadella-Sandwiches** fertig stellen
- **Pfirsich-Sahne-Torte** fertig stellen

Während des Fests

- Mit den Kindern **Schoko-Eier** herstellen
- Fleischbällchen und restliche Zutaten (mit den Kindern) zu Spießen zusammenstecken
- **Kresse-Eier-Salat** anmachen

So kann man Eier ausblasen

Eier ausblasen ist nicht schwer, vorausgesetzt, man macht es richtig: Zunächst die Eier vorsichtig, aber gründlich waschen. Dann mit einer Nadel oben und unten je ein Loch ins Ei piken. Bläst man jetzt ins obere Loch, bekommt man höchstens einen knallroten Kopf, aber kein ausgeblasenes Ei. Der Trick, damit Eiweiß und Eigelb die Hülle verlassen können: Das Loch an der Unterseite vorsichtig mit der Nadel auf etwa 3 Millimeter Durchmesser vergrößern.

Pfirsich-Sahne-Torte

Für 1 Springform, etwa 26 cm Durchmesser, braucht man:

Butter und Mehl für die Form

100 g weiche Butter • 150 g Zucker

3 Eier • 200 g geriebene Haselnüsse

100 g Schokostreusel

(oder geriebene Schokolade)

8–10 Zwiebäcke • 1/2 TL Backpulver

Für den Belag:

1 große Dose Tortenpfirsiche (825 g)

200 g Sahne

1 Päckchen Vanillezucker

1. Den Backofen auf 200 Grad (Umluft 180 Grad) vorheizen. Die Backform mit Butter einfetten und mit Mehl bestäuben.

2. Butter, Zucker und Eier in einer Schüssel mit den Quirlen des Handrührgeräts cremig rühren. Haselnüsse und Schokostreusel dazugeben und gut verrühren.

3. Die Zwiebäcke in einen Gefrierbeutel geben, den Beutel gut verschließen und die Zwiebäcke mit dem Nudelholz zu feinem Zwiebackmehl zerdrücken.

4. Das Backpulver ebenfalls in den Beutel geben und untermischen. Das Gemisch in die Schüssel zu den übrigen Zutaten geben und gut unterrühren.

5. Den Teig in die Backform geben und mit dem Teigschaber gleichmäßig in der Form verteilen.

6. Die Form (mit Topfhandschuhen!) auf die mittlere Schiene im Backofen schieben und den Kuchen 20 Minuten backen. Danach eine Gabel hineinstechen: Kleben noch feuchte Krümel daran, ein paar Minuten weiterbacken.

7. Den Tortenboden mit Topfhandschuhen aus dem Ofen holen und 5 Minuten in der Form abkühlen lassen. Dann den Rand der Springform entfernen, den Kuchen vorsichtig vom Boden lösen und auf einer Kuchenplatte ganz abkühlen lassen.

8. Die Pfirsichschnitze in einem Sieb gut abtropfen lassen und den Kuchenboden damit dachziegelartig belegen.

9. Die Sahne mit dem Vanillezucker in einem hohen Rührbecher mit den Quirlen des Handrührgeräts steif schlagen. Mit einem Messer oder einem Teigschaber auf den Pfirsichen verteilen.

Übrigens…

Wer möchte, kann die Torte mit Schokoladenspänen verzieren. Das geht ganz einfach: Die Schokolade mit einem Kartoffelschäler direkt über der Torte abschälen. Besonders dekorativ sieht es aus, wenn man aus den Schokospänen die Form eines Hasens auf die Sahne „zeichnet" oder auch die Maus, vgl. Seite 202.

Rosinenschnecken

Für etwa 30 kleine Rosinenschnecken braucht man:

125 g Butter

300 ml Milch

1 g Safranfäden

50 g frische Hefe

700 g Mehl

150 g Zucker • 1/4 TL Salz

20 g Rosinen • 1 Ei

1. Die Butter in einem Topf bei mittlerer Hitze schmelzen lassen. Milch und Safranfäden dazugeben. Die Mischung darf nur lauwarm (ungefähr 37 Grad) und nicht zu heiß werden. Die Temperatur ist wichtig!

2. Die Hefe in eine Schüssel bröckeln, die Milchmischung darüber gießen, das Mehl, den Zucker und das Salz dazugeben. Alles mit einem Rührlöffel vermischen, dann mit den (gewaschenen!) Händen einen Teig daraus kneten.

3. Den Teig zu einer Kugel formen, mit einem Geschirrtuch abdecken und etwa 30 Minuten ruhen lassen.

4. Auf der bemehlten Arbeitsplatte den Teig nochmals durchkneten, in 30 Stücke teilen und jedes Teigstück zu einem kleinen Ball formen. Das Tuch darüber legen und die Teigbällchen einige Minuten ruhen lassen.

5. Die Teigbälle mit leicht bemehlten Händen zu etwa 15 cm langen, fingerdicken Rollen drehen, dann verschiedene Schnecken daraus formen. Die Rosinen fest in die Schnecken drücken.

6. Die Rosinenschnecken auf ein mit Backpapier ausgelegtes Blech setzen und nochmals 40 Minuten unter dem Geschirrtuch ruhen lassen. Den Backofen auf 220 Grad (Umluft 200 Grad) vorheizen.

7. Das Ei in eine Tasse aufschlagen und mit einer Gabel gut verquirlen. 1 Prise Salz hinzufügen und die Rosinenschnecken gleichmäßig damit bestreichen.

8. Die Rosinenschnecken mit Topfhandschuhen (!) auf die mittlere Schiene im Backofen schieben und 10 Minuten goldbraun backen. Mit Topfhandschuhen (!) herausnehmen und auf einem Kuchengitter abkühlen lassen.

Und so kann man die Rosinenschnecken verändern:

- Aus den Teigbällchen kann man auch kleine Hasen statt Schnecken formen.

Schoko-Eier

Für etwa 20 Schoko-Eier braucht man:

100 g Vollmilch- oder Zartbitterschokolade

100 g Puderzucker

200 g geriebene Mandeln

1 Ei

1. Die Schokolade in kleine Stücke brechen. Dann im Küchenmixer zerkleinern (oder die ganze Tafel auf der Küchenreibe ganz fein reiben) und in eine Schüssel geben.

2. Den Puderzucker und die geriebenen Mandeln zu den Schokoraspeln geben und alles gut vermischen.

3. Das Ei über der Schüssel aufschlagen und hineingleiten lassen. Mit gewaschenen (!) Händen alles gut verkneten, sodass eine feste, formbare Masse entsteht.

4. Von der Masse mit einem Esslöffel kleine Mengen abnehmen und mit den Händen daraus Schoko-Eier formen. Die Eier in Cellophanpapier oder Alufolie einwickeln. Wer will, kann die Eier dann nochmals mit buntem Seidenpapier umwickeln.

Und so kann man die Schoko-Eier verändern:

- 100 g von den geriebenen Mandeln durch 100 g Kokosraspel oder 100 g geriebene Haselnüsse ersetzen.
- Eine ganze Mandel mit der Schokomasse umhüllen, dann hat man gefüllte Eier.
- Da die Schoko-Eier rohes Ei enthalten, sollte man unbedingt ganz frische Eier verwenden und die Schoko-Eier kühl und nicht zu lange aufbewahren!

Übrigens...

Am besten schmecken die Schoko-Eier natürlich mit frisch geriebenen Mandeln. Dazu kauft man einfach 200 g ganze Mandeln und mahlt diese mit dem Küchenmixer oder einer Handmühle ganz fein. Wer will, kann die Mandeln vorher noch schälen bzw. abziehen.

Vitaminshake

Für etwa 20 Gläser (à 0,2 l) braucht man:

10 getrocknete Aprikosen

4 Äpfel • 4 Bananen

4 Orangen • 2 l Buttermilch

8 EL Zucker

1 Flasche Mineralwasser (0,7 l)

Zum Verzieren:

2 unbehandelte Zitronen

2 Stängel Zitronenmelisse

1. Die getrockneten Aprikosen in eine kleine Schüssel legen und heißes Wasser darüber gießen. Etwa 30 Minuten einweichen.

2. Die Äpfel waschen, schälen, entkernen und in kleine Schnitze teilen. In einen Mixbecher oder in eine hohe Rührschüssel geben.

3. Die Bananen schälen, in dicke Scheiben schneiden und zu den Äpfeln geben. Die Orangen halbieren und auspressen.

4. Den Orangensaft zu den Früchten in den Mixer oder in die Rührschüssel geben. Die eingeweichten Aprikosen aus dem Wasser nehmen und ebenfalls dazugeben. Alles im Küchenmixer oder mit dem Mixstab in der Rührschüssel gut pürieren.

5. Dann die Buttermilch, den Zucker und das Mineralwasser hinzufügen und nochmals kräftig mixen.

6. Die Zitronen sorgfältig mit warmem Wasser waschen, abtrocknen und in etwa 5 Millimeter dicke Scheiben schneiden. Die Zitronenscheiben an einer Stelle etwas einschneiden, sodass sie gut auf ein Glas gesteckt werden können.

7. Die Zitronenmelisse unter fließendem kaltem Wasser waschen, gut abschütteln, die Blättchen abzupfen.

8. Die Gläser mit dem Vitaminshake füllen, an jedes Glas 1 Zitronenscheibe stecken und über jeden Shake ein paar Melisseblättchen streuen.

Und so kann man den Vitaminshake verändern:

- Statt mit Buttermilch kann man den Shake mit normaler Milch oder mit flüssigem Joghurt zubereiten.

- Wenn es im Sommer sehr heiß ist, kann man sich auch einen Eis-Shake machen: Einfach weniger Buttermilch und dafür ein paar Löffel vom Lieblingseis in den Shake mixen.
- Echte Hasen-Fans mixen natürlich noch 1 bis 2 geschälte Möhren in den Vitaminshake!

Übrigens...

Wer getrocknete Aprikosen nicht so gern mag, kann im Sommer natürlich auch frische nehmen. Oder man ersetzt einfach die Aprikosen durch Pfirsiche oder sonstiges Obst, das einem besonders gut schmeckt.

Pasha-Quarkpudding

Für 10 Portionen braucht man:

3 Eier • 200 g Zucker
200 g Butter • 100 g Sahne
500 g Quark • 50 g Zitronat oder Orangeat (in Würfel geschnitten)
100 g gemahlene Mandeln
1 EL Vanillezucker
Saft von 1/2 Zitrone

Zum Verzieren:

Früchte (z. B. Beeren oder Kirschen)

1. Die Eier in eine Schüssel aufschlagen, den Zucker dazugeben und mit den Quirlen des Rührgeräts schaumig schlagen.

2. Die Butter in einer weiteren Schüssel mit den Quirlen des Rührgeräts schaumig rühren. Die Sahne in einen Mixbecher füllen und steif schlagen.

3. Den Quark zur Butter geben und glatt rühren. Das Zitronat oder Orangeat und die Mandeln dazugeben. Vanillezucker und Zitronensaft hinzufügen. Alles miteinander verrühren.

4. Das Zucker-Eier-Gemisch mit dem Schneebesen unter den Quark rühren. Zuletzt die Sahne unterheben.

5. Ein Mulltuch mit etwas Wasser anfeuchten und in einen (sauberen!) Blumentopf (15 cm Durchmesser) legen, der unten ein Loch hat und in einer flachen Schüssel steht. Die Quarkmasse hineingießen, das Tuch darüber schlagen und einen schweren Topf darauf stellen. An einen kühlen Ort stellen und abtropfen lassen.

6. Nach einem Tag das Tuch aufschlagen und den Quarkpudding auf eine Platte stürzen. Das Tuch entfernen und den Quarkpudding mit Früchten dekorieren, zum Beispiel mit frischen Beeren oder Kirschen.

- Man kann statt einem Blumentopf auch ein großes Sieb nehmen.
- Der fertige Quarkpudding eignet sich sehr gut zum Einfrieren.

Übrigens...

Ob „Pasha“ (finnisch), „Passah“ (hebräisch) oder „Pascha“ (Kirchenlatein) – gemeint ist immer das Osterfest. Und damit verrät schon der Name des „Pasha“-Quarkpuddings, dass er in Finnland nach alter Tradition vor allem zur Osterzeit zubereitet wird. Viele finnische Familien haben ihr eigenes Pasha-Rezept, das wie ein Geheimnis gehütet wird.

Mortadella-Sandwiches

Für 20 Sandwiches braucht man:

- 4 Eier
- 4 dicke Scheiben Mortadella
- 2 rote oder grüne Paprikaschoten
- 8 EL Doppelrahmfrischkäse
- 3 EL Kapern • Pfeffer
- 20 Scheiben Toastbrot
- 20 Salatblätter

1. Die Eier an der flachen Seite anpiksen, mit einem Esslöffel vorsichtig in einen Topf mit kochendem Wasser geben und etwa 10 Minuten kochen lassen. Mit kaltem Wasser abschrecken, pellen und in Scheiben schneiden.

2. Die Mortadella in feine Würfel schneiden. Die Paprikaschote waschen, halbieren, die weißen Innenhäute und Kerne entfernen, dann ebenfalls in kleine Würfel schneiden.

3. In einer kleinen Schüssel Frischkäse, Kapern, Mortadella- und Paprikawürfel gut vermischen und mit Pfeffer würzen.

4. Die Toastbrotscheiben entrinden und mit einem Nudelholz flach drücken.

5. Die Salatblätter waschen, trockenschütteln und auf zehn Brotscheiben jeweils zwei Salatblätter legen.

6. Die Wurstmischung auf die Salatblätter streichen, dann die Eischeiben darauf verteilen.

7. Die belegten Sandwichscheiben jeweils mit einer Brotscheibe abdecken. Die Sandwiches gut zusammendrücken und mit einem scharfen Messer diagonal durchschneiden.

Übrigens...

In italienischen Bars und Schnellrestaurants findet man häufig eine große Auswahl an belegten Broten und Brötchen, mit denen man den Hunger zwischen den Hauptmahlzeiten stillen kann. „Tramezzo" heißt auf Italienisch so viel wie die Zeit dazwischen, daher werden diese Sandwiches auch „Tramezzini" genannt. Die Anzahl der Stockwerke und der Belag können variieren, aber eines ist für Tramezzini ein absolutes Muss: die dreieckige Form.

Und so kann man die Sandwiches verändern:

- Wer keine Kapern mag, kann sie auch weglassen.
- Man kann die Sandwiches auch mit lustigen Partystickern zusammenstecken.

Kresse-Eier-Salat

Für etwa 10 Portionen braucht man:

4 Eier • 1 Kopfsalat
1 Kästchen Kresse
je 1/2 Bund Schnittlauch und Petersilie • 1 Bund Radieschen
1 Hand voll gemischte Sprossen

Für die Salatsoße:

2 EL Essig • Salz
Pfeffer • 6 EL Öl

1. Einen kleinen Topf zur Hälfte mit Wasser füllen und auf höchster Stufe zum Kochen bringen. Die Eier an der flachen Seite mit einer Nadel oder einem Eierpiker einstechen.

2. Die Eier mit einem Esslöffel vorsichtig in das kochende Wasser legen. Auf mittlere Stufe herunterschalten und die Eier gut 10 Minuten kochen lassen.

3. Die äußeren welken Blätter vom Kopfsalat entfernen. Die restlichen Blätter kurz waschen, abtropfen lassen und in kleine, mundgerechte Stücke zupfen, in eine große Salatschüssel geben.

4. Die gekochten Eier mit kaltem Wasser abschrecken. Die Eier pellen und in dünne Scheiben schneiden.

5. Die Kresse vom Beet abschneiden, in ein Sieb geben und mit kaltem Wasser abbrausen. Abschütteln und zum Kopfsalat geben.

6. Schnittlauch und Petersilie unter fließendem kalten Wasser waschen, dann gründlich abschütteln. Die Petersilienblätter auf einem Brett fein hacken, den Schnittlauch in kleine Röllchen schneiden.

7. Die Radieschen putzen und gründlich waschen. Mit einem Apfelteiler (oder mit einem Messer) zu Blumen schneiden (siehe Foto links). Die Sprossen in ein Sieb geben, mit heißem Wasser überbrausen und gut abschütteln.

8. Den Essig, 1/2 TL Salz und 1 Prise Pfeffer in einer Tasse verrühren, bis sich das Salz aufgelöst hat. Dann das Öl unterrühren.

9. Die Kräuter und die Sprossen mit den Eierscheiben zum Salat geben und vermischen. Die Salatsoße darüber träufeln, zuletzt die Radieschenblumen auf den Salat setzen.

Salatsoße heißt heute auf den Speisekarten auch oft **Dressing**. Das Wort kommt aus dem englischen *to dress* und heißt „kleiden“. Ein Dressing soll also den Salat bekleiden.
Und hier noch ein Tipp zum Eierpellen: Schneidet man das gekochte Ei in der Mitte vorsichtig mit einem Sägemesser durch, erhält man zwei ganze Schalenhälften. Die Eihälften dann mit einem Teelöffel sauber herausheben – nun eignen sich die Schalen für die Eierkerzen (siehe Seite 36).

Fleischbällchen

Für etwa 50 Bällchen braucht man:

1 Tasse (ca. 200 ml) Grünkernschrot

1 Würfel Gemüsebrühe

1 Zwiebel

1/2 Bund Petersilie

2 EL Öl

300 g gemischtes Hackfleisch

2 Eier • 100 g Paniermehl

etwa 4 EL Butter oder Öl

1/2 Salatgurke

6 Radieschen

4 Tomaten • 1 Kohlrabi

etwa 50 Zahnstocher

500 g runde Pumpernickeltaler

1. Den Grünkernschrot mit 3 Tassen (ca. 600 ml) Wasser und dem Gemüsebrühwürfel in einen Topf geben und bei höchster Stufe erhitzen. Sobald der Grünkern kocht, die Hitze herunterschalten und etwa 15 Minuten zugedeckt ziehen lassen, bis alles Wasser verkocht ist. Den Grünkern in eine Schüssel geben und beiseite stellen.

2. Die Zwiebel schälen, halbieren und in kleine Würfel schneiden. Die Petersilie waschen, gut abschütteln und fein hacken. Das Öl in einer kleinen Pfanne erhitzen und die Zwiebel darin mit der Petersilie 5 Minuten anbraten, dann abkühlen lassen.

3. Das Hackfleisch unter den Grünkern mischen und die Zwiebel-Petersilien-Mischung dazugeben. Die Eier über einer Tasse aufschlagen und hineingleiten lassen, ebenfalls unter den Fleischteig mengen. Falls die Masse noch zu weich ist, etwas Paniermehl untermischen.

4. Auf einen flachen Teller Paniermehl geben. Aus der Hackfleischmasse mit den (gewaschenen!) Händen kleine Bällchen von etwa 2 Zentimeter Durchmesser formen und in dem Paniermehl wälzen.

5. Etwas Butter oder Öl in einer großen Pfanne erhitzen und nacheinander alle Bällchen rundherum braun braten.

6. Gurke, Radieschen, Tomaten und Kohlrabi waschen oder schälen und in feine Scheiben oder kleine Würfel schneiden.

7. Mit einem Zahnstocher Gurken-, Tomaten-, Kohlrabi- oder Radieschenstückchen, darüber die Fleischbällchen und zuletzt die Pumpernickelscheiben aufspießen. Mit dem Brot zuunterst auf einem Teller anrichten.

Übrigens...

Wer es gern würzig mag, kann mittelscharfen Senf zu den Spießen essen. Auf Salatblättern angerichtet, werden aus den Spießchen kleine (Oster-)Nester.

Maikäferfest

Wonnemonat heißt der Mai und dass er alles neu macht, wird von ihm behauptet. Warum eigentlich? Weil es in diesem Monat, der kein „R“ in seinem Namen trägt, wärmer wird und Bäume und Sträucher ein frisches Blätterkleid anziehen. Vögel bauen Nester und legen Eier und auch den Menschen sagt man nach, dass sie sich oft in diesem Monat verlieben.

Alles neu macht der Mai

Der Maibaum

In vielen Regionen wird zum 1. Mai auf dem Dorfplatz der Maibaum aufgestellt, ein bunt bemalter Baumstamm, der mit einem Kranz und Bändern geschmückt ist. Um ihn herum tanzt man in den Mai. In vielen deutschen Dörfern gibt es außerdem einen urigen Brauch: Junge Männer versuchen in den Nächten vor dem 1. Mai den Maibaum des Nachbardorfs zu stibitzen. Um das zu verhindern, wird der Maibaum rund um die Uhr bewacht. Wird er dennoch entwendet, müssen die Eigentümer ihn auslösen, und zwar mit einem deftigen Essen und vielen Litern Bier.

Maiglöckchen

Den ersten Platz auf der Hitliste der Maiblumen nimmt das intensiv duftende Maiglöckchen ein. Es gehört zur Familie der Lilien und hat kleine, in Trauben stehende Blüten, deren Form an winzige Glocken erinnern.

„Maikäfer flieg!“

Berühmtestes Tier des Wonnemonats ist der Maikäfer. Heute kennen die meisten Kinder ihn vermutlich nur noch aus Liedern und Geschichten oder als Schokoladentier. Früher jedoch war der schwerfällige braune Brummer bei uns ein weit verbreitetes Insekt.

Maikäferplagen

Immer wieder gab es und gibt es zuweilen auch noch heute so genannte Maikäferjahre. Da schlüpfen die Käfer in Massen aus der Erde. Und das, obwohl der Maikäfer drei bis vier Jahre für seine Entwicklung vom Ei bis zum fertigen Insekt braucht. In ihrem wenige Wochen dauernden Leben als gepanzerte Flugobjekte fressen die Maikäfer, was das Zeug hält: Blätter, Blätter, Blätter. Bis die Bäume vollkommen kahl sind und es mitten im Mai wie im Spätherbst aussieht. In solchen „Maikäferjahren" zogen einst ganze Dörfer los, um die Käfer einzusammeln.

Käfer in der Schachtel

Oft retteten Kinder bei der „Maikäferlese" das eine oder andere Tier, steckten es in eine Schachtel und fütterten es mit schmackhaftem Eichenlaub und saftigen Kastanienblättern.

Sommerboten

Heute fürchtet man Maikäfer nicht mehr so sehr. Man hat erkannt, dass sie neben Blättern auch eine ganze Menge Unkraut fressen und damit den Bauern sogar helfen. Wenn die Leute heute Maikäfer sehen, freuen sie sich meist. Denn dann ist der Sommer nicht mehr weit...

Maikäferfest

Der Mai ist gekommen

Der Wonnemonat bietet sich geradezu zum Feiern an: Draußen blüht und grünt es, wo man hinsieht, und die Luft hat eine angenehme Temperatur. Frische Kräuter wie Schnittlauch, Zitronenmelisse, Sauerampfer und Waldmeister sprießen und die ersten Erdbeeren sind reif. Auf der Festtafel dürfen deshalb weder Waldmeisterlimonade noch frische Erdbeeren fehlen.

Der Tisch im Wonnemonat

Keine Maikäferparty ohne Maikäfer! Da die braunen Brummer heute selten sind und sich in der Wohnung auch nicht wohl fühlen, sollte niemand auf die Idee verfallen, lebende Käfer zu Dekorationszwecken zu sammeln. Und auch Marienkäfer eignen sich nicht. Dagegen gibt es heute in jedem Supermarkt Schoko-Käfer in allen Größen und Farben. Hübsch sieht eine **Glückskäferparade** als Tischdekoration aus. Eine Rolle grünes Krepppapier in etwa 4 bis 6 Zentimeter breite Streifen schneiden. Die Streifen auseinander rollen und die Schmalseiten aneinander kleben. An den Längsseiten blätterförmig einschneiden. Nun den Papierstreifen auf eine Schnur fädeln und so verteilen, dass gleichmäßige Wellen entstehen. Auf diesen Untergrund viele Schoko-Krabbeltiere kleben – für das Geburtstagskind gibt es natürlich einen extragroßen Glücksbringer!
Wenn man aus grünem Papier Blätter ausschneidet, sie mit den Namen der geladenen Kinder versieht, wie Tischkarten faltet und vor den Gedecken aufstellt, können die Gäste rasch ihren Platz an der Festtafel entdecken.

Blütengläser

Auch die **Trinkgläser** lassen sich mit wenig Aufwand frühlingshaft gestalten: Aus selbst gemalten und ausgeschnittenen Maiglöckchen kann man (wie mit echten Gänseblümchen) kleine Kränze flechten und als Manschette um die Trinkgläser legen. Mit einem **Maiglöckchenkranz**, den man auf ein rund ausgeschnittenes Stück Fotokarton gezeichnet hat, kann man einen hübschen Untersetzer für die Gläser zaubern. Echte Maiglöckchen sind zwar hübsch, aber giftig, deshalb sind sie für Kinderfeste nicht empfehlenswert.

Maistrauß

Auf der (Geburtstags-)Tafel macht sich ein Strauß mit frisch ausgetriebenen Zweigen auch sehr gut. **Schmetterlinge**, deren Flügel aus buntem Seidenpapier ausgeschnitten wurden und deren Körper und Fühler man aus Pfeifenputzern biegt, geben den Zweigen ein „wonniges" Aussehen. In das frische Grün passen natürlich auch die Dattel-Maikäfer (siehe Seite 66), die man in die Verästelungen der Zweige setzen kann.

Und so macht man Radieschentöpfe:

1. Auf kleine Blumentöpfe und Untersetzer aus Ton mit Lackfarben lustige Muster malen und gut trocknen lassen.

2. Einen kleinen Stein auf das Abflussloch des Topfes legen und den Topf fast bis an den Rand mit Blumenerde füllen.

3. Radieschensamen im Abstand von 1 Zentimeter gleichmäßig in die Erde drücken und vorsichtig gießen. Dann ans Licht stellen.

4. Regelmäßig gießen. Nach 8 bis 10 Tagen zeigen sich schon die ersten Blätter.

Party-Timer

2 Wochen vor dem Fest

- Ort und Dauer des Fests festlegen (z. B. Wohnzimmer, Garten oder Park)
- Gästeliste aufstellen
- Gäste einladen, Helfer organisieren

1 Woche vor dem Fest

- Bastel- und Dekomaterial besorgen (Krepppapier, Pfeifenputzer, Schoko-Käfer, grüner Karton etc.) und Bastelarbeiten ausführen
- Lebensmittel kaufen, die lange haltbar sind (Schokolade, Datteln, Mandeln, Kartoffeln, Kichererbsen etc.)

1 bis 2 Tage vor dem Fest

- Restliche Lebensmittel einkaufen
- **Kartoffel-Gemüse-Salat** und **Kichererbsenpaste** zubereiten
- **Frischkäsetörtchen** backen und **Zitronensorbet** vorbereiten
- Partyraum dekorieren

Am Vormittag des Festtags

- **Toast-Türmchen** zubereiten
- **Zitronensorbet** fertig stellen
- **Waldmeisterblüten-Eiswürfel** herstellen
- **Gemüse** für die Spieße waschen und klein schneiden, **Dips** vorbereiten
- Teller, Besteck und Gläser für nachmittags und abends vorbereiten

Kurz bevor die Gäste kommen

- Tisch decken
- **Grüne Bowle** ansetzen

Während des Fests

- **Dattel-Maikäfer** mit den Gästen herstellen
- Gemüse mit den Gästen ausstechen

Wie schön, dass du geboren bist…

An seinem Festtag sollte das Geburtstagskind für einen Tag König sein. Das kann schon morgens beim Aufstehen beginnen, wenn alle Familienmitglieder zum Bett des Kindes kommen und ihm gratulieren oder ein Ständchen singen. Die meisten Kinder haben auch Freude an einer symbolischen Krönung. Aus Goldpapier lässt sich leicht eine Krone basteln, die das Geburtstagskind an seinem Ehrentag tragen darf.

Frischkäsetörtchen

Für etwa 10 Törtchen braucht man:

Für den Teig:

1–2 TL Butter für die Förmchen
220 g Mehl und
etwas Mehl zum Ausrollen
50 g Butter
Salz
150 ml Wasser

Für die Füllung:

1 EL Mehl
200 g Zucker
50 g geriebene Mandeln
7 Eigelb
200 g Frischkäse
1 TL Zimtpulver
Schale von $^{1}/_{2}$ unbehandelten
Zitrone • 1–2 EL Puderzucker

1. Die Förmchen (eventuell Muffinförmchen) mit Butter einfetten, den Backofen auf 200 Grad (Umluft 180 Grad) vorheizen.

2. Das Mehl auf die Arbeitsplatte häufen, mit einem Esslöffel eine Mulde hineindrücken. Die Butter in Stückchen auf dem Mehlrand verteilen. 1 Prise Salz und das Wasser in die Mulde geben. Die Mehl-Butter-Mischung mit einem großen Messer gut durchhacken, bis alles krümelig ist. Dann mit den (gewaschenen!) Händen zu einem Teig kneten und eine Kugel daraus formen.

3. Kleine Teigstücke von der Teigkugel abschneiden, mit dem bemehlten Nudelholz rund ausrollen und die Förmchen damit auslegen, dabei einen kleinen Rand formen. Ein Geschirrtuch über die Förmchen legen und kurz ruhen lassen.

4. In einer hitzebeständigen Schüssel Mehl, Zucker und Mandeln vermischen. Die Eigelbe dazugeben. Alles gut verrühren.

5. Den Frischkäse unter die Eiermasse rühren, den Zimt und die Zitronenschale dazugeben.

6. Einen Topf etwa 3 Zentimeter hoch mit Wasser füllen und auf höchster Stufe erhitzen. Die Schüssel mit der Eier-Frischkäse-Masse hineinstellen und die Füllung etwa 5 Minuten im Wasserbad kochen, dabei ständig mit dem Rührlöffel umrühren.

7. Die Füllung in den Förmchen verteilen, mit Puderzucker bestreuen.

8. Die Förmchen (mit Topfhandschuhen!) auf die mittlere Schiene im Backofen schieben und die Frischkäsetörtchen etwa 25 Minuten backen.

Dattel-Maikäfer

Für 24 Maikäfer braucht man:

24 getrocknete Datteln

50 g Marzipanrohmasse

100 g Vollmilch- oder Zartbitterkuvertüre

48 ungeschälte Mandeln

1. Die Datteln mit einem Messer der Länge nach vorsichtig einritzen und die Kerne herausnehmen.

2. Etwa 1/2 TL Marzipanrohmasse abschneiden, mit den Fingern zu einem länglichen Oval formen und statt des Kerns in die Dattel stecken. So fortfahren, bis alle Datteln gefüllt sind. Dabei noch etwas Marzipan für die Augen aufbewahren.

3. Die Schokoladenkuvertüre mit einem Messer grob zerkleinern und in eine kleine Metallschüssel geben.

4. Einen mittelgroßen Topf auf die Herdplatte stellen und etwa zu einem Drittel mit Wasser füllen. Die Metallschüssel mit den Schokoladestücken in den Topf mit Wasser setzen und das Wasser auf höchster Stufe zum Kochen bringen.

5. Die Schokolade langsam schmelzen lassen. Dabei immer wieder mit dem Teigschaber umrühren, damit die Schokolade gleichmäßig zergeht. Wenn die Schokolade geschmolzen ist, den Topf vom Herd nehmen.

6. Die gefüllten Datteln mit einer Gabel oder einem Zahnstocher vorsichtig aufspießen. Nacheinander in der Schokolade drehen und völlig damit überziehen. Dann auf einen Teller absetzen.

7. Jeweils 2 Mandeln als Flügel in die Datteln stecken (siehe Foto). Als Augen etwas Marzipanrohmasse mit den Fingern zu winzigen Kugeln drehen und vorne aufsetzen.

Übrigens...

Besonders schön sehen die Dattel-Maikäfer aus, wenn man ihnen noch Fühler und Beinchen schenkt: Einfach aus schwarzem Tonpapier die Umrisse eines Käferkörpers mit Fühlern und sechs Beinchen ausschneiden und mit flüssiger Kuvertüre unter die Maikäfer kleben (siehe Foto).

Grüne Bowle

Für etwa 20 Gläser (à 0,3 l) braucht man:

1 Hand voll frischen Waldmeister

400 ml Waldmeistersirup

10 EL Zitronensirup

5 EL Orangensirup

8 Flaschen Mineralwasser (0,7 l)

1. Den Waldmeister waschen, die Blüten abzupfen und in einen Eiswürfelbereiter verteilen. Die Felder mit Wasser auffüllen und in den Gefrierschrank stellen. Etwa 2 bis 3 Stunden gefrieren lassen.

2. Den Waldmeister-, den Zitronen- und den Orangensirup mit 2 Flaschen Mineralwasser in einen großen Krug gießen und mit dem Schneebesen gut vermischen.

3. In jedes Glas 2 bis 3 Eiswürfel geben und halb voll mit Waldmeister limonade gießen. Anschließend mit Mineralwasser auffüllen und mit Trinkhalmen servieren.

- Statt frischem Waldmeister kann man auch Minzeblättchen oder kleine Beeren (oder nur Wasser) in dem Eiswürfelbereiter einfrieren.
- Man kann auch etwa 1/2 l Apfelsaft (oder mehr) statt 15 EL Zitronen- und Orangensirup nehmen.

Und so kann man Waldmeistersirup selbst machen:

Etwa 500 g frischen Waldmeister (selbst gesammelt oder gekauft) unter fließendem kaltem Wasser gründlich waschen und in einen Topf geben. Den Topf auf den Herd stellen und 1 l Wasser und 1 kg Zucker dazugeben. Das Ganze auf höchster Stufe zum Kochen bringen, auf mittlere Stufe zurückschalten und etwa 15 Minuten köcheln lassen. Inzwischen 1 unbehandelte Zitrone mit warmem Wasser sorgfältig waschen und die Schale mit einem Kartoffelschäler in Streifen abschälen. Den Topf von der Platte nehmen, die Platte ausschalten und die Zitronenschalen dazugeben. Dann den Sirup 3 bis 5 Tage zugedeckt im Kühlschrank ziehen lassen. Zum Servieren durch ein Sieb abgießen und mit Wasser mischen.

Zitronensorbet

Für etwa 10 Portionen braucht man:

6 unbehandelte Zitronen

500 g Erdbeeren

4 Zweige Zitronenmelisse

550 g Zucker • 700 ml Wasser

1. Die Zitronen mit heißem Wasser abwaschen und abtrocknen. Mit einem Gemüseschäler oder einem Zestenreißer ein paar feine Schalenstreifen abziehen und beiseite stellen.

2. Die Erdbeeren in ein Sieb geben, mit kaltem Wasser kurz abbrausen. Die Stiele entfernen, dann die Erdbeeren halbieren.

3. Die Zitronenmelisse waschen und trockenschütteln, die Blättchen abzupfen und zur Seite stellen.

4. Mit einer Reibe die restliche Schale der Zitronen abreiben und in einen Topf geben. Die Zitronen halbieren, den Saft auspressen und zu der Zitronenschale in den Topf gießen. 500 g Zucker und das Wasser hinzufügen und mit dem Schneebesen verrühren. Auf höchster Stufe erhitzen und den Zitronensaft etwa 4 Minuten kochen lassen, bis ein Sirup entsteht.

5. Den Zitronensirup durch ein feines Sieb in eine Schüssel gießen und abkühlen lassen. Die Schüssel mit Frischhalte- oder Alufolie gut abdecken und in das Gefrierfach stellen. Die Zitronenmasse etwa 4 Stunden einfrieren, dabei jede Stunde mit einem Rührlöffel kurz durchrühren.

6. Die Erdbeeren mit den Zitronenstreifen in einer Schüssel vermischen, 1 bis 2 EL Zucker dazugeben und ziehen lassen.

7. Das Sorbet aus dem Gefrierfach holen und mit einem Esslöffel oder einem Eisportionierer Kugeln ausstechen. Die Sorbetkugeln in Gläser oder auf Glasschalen verteilen, die Erdbeeren darüber geben und mit den Zitronenmelisseblättchen dekorieren.

- Vor dem Servieren kann man das Sorbet mit dem Stabmixer durchrühren und danach noch einmal etwa 1 Stunde ins Gefrierfach stellen.
- Auf gleiche Weise kann man auch Sorbets aus pürierten Melonen, Pfirsichen, Äpfeln oder Birnen machen.

Eis-Zeit

Erfunden wurde das Eis von den Chinesen. Allerdings stellten sie nur Wassereis her. Erst viel später lernten sie von den Mongolen, Wasser mit Milch zu mischen: der erste Schritt zum Milcheis. Die Mongolen wiederum hatten das Verfahren zuvor bei den Arabern gesehen, die den Quellen nach als Erfinder des Milcheises gelten und es auch nach Europa brachten. Ihren Siegeszug um die Welt hat die Eiskugel jedoch den Italienern zu verdanken, den modernen und wahren Meistern dieser kühlen Schleckerei.

Gemüse mit Dips

Für etwa 10 Portionen braucht man:

3 Kohlrabi • 1 Sellerieknolle

2 Rote-Bete-Knollen

2 Salatgurken

6 Möhren

je 1 grüne und gelbe Paprikaschote

2 rote Paprikaschoten

Für die Dips:

je 1/2 Bund Schnittlauch, Petersilie und Dill

1 Tomate • 250 g Magerquark

100 g Crème fraîche

2 EL Mayonnaise

Salz • Pfeffer

1/2 Avocado

250 g saure Sahne

1 EL Öl • 2 EL Zitronensaft

1 Becher Naturjoghurt (150 g)

1 TL Senf

Außerdem:

etwa 40 Zahnstocher

1. Die Kohlrabi- und die Sellerieknollen mit einem Messer rundherum dick schälen, dann in etwa 5 Millimeter dicke Scheiben schneiden.

2. Die Rote-Bete-Knollen, Gurken und Möhren mit dem Kartoffelschäler schälen und ebenfalls in etwa 5 Millimeter dicke Scheiben schneiden.

3. Die Paprika waschen, längs halbieren, die Kerne und weißen Innenhäute herausschneiden. Dann in etwa 2 bis 3 Zentimeter breite Streifen schneiden.

4. Das Gemüse auf einer großen Platte oder einem Tablett bereitlegen.

5. Für die Dips die Kräuter unter fließendem kaltem Wasser waschen, danach gründlich abschütteln und fein hacken.

6. Für den roten Dip die Tomate waschen, den Stielansatz entfernen und in ganz kleine Würfel schneiden. In einer kleinen Schüssel den Magerquark, 50 g Crème fraîche und die Mayonnaise mit den Tomatenwürfeln mischen. Mit 1/2 TL Salz, 1 Prise Pfeffer und einem Drittel der Kräuter gut verrühren.

7. Für den grünen Dip das Fruchtfleisch der Avocado mit einem Teelöffel von der Schale lösen. Das Avocadofleisch, die saure Sahne, das Öl, 1 EL Zitronensaft und das zweite Drittel der Kräuter im Mixer oder mit einem Mixstab pürieren. Den grünen Dip in eine kleine Schüssel geben und mit 1/2 TL Salz und 1 Prise Pfeffer würzen.

8. Für den weißen Dip die restliche Crème fraîche mit dem Joghurt, 1 EL Zitronensaft, den restlichen Kräutern, dem Senf, 1/2 TL Salz und 1 Prise Pfeffer verrühren.

9. Mit den Ausstechern aus dem Gemüse Formen ausstechen, hintereinander auf Zahnstocher spießen, in die Dips tauchen – und sofort essen!

Toast-Türmchen

Für 20 Türmchen braucht man:

etwa 15 Scheiben Pumpernickel

etwa 15 Scheiben Toastbrot

1/2 Eisbergsalat

1/2 Salatgurke • 2 Möhren

100 g Geflügelleberwurst

300 g Kräuter-Doppelrahmfrischkäse

Zum Verzieren:

20 Holzspieße

20 Cocktailtomaten

1. Die Pumpernickelscheiben in die gleiche Größe wie die Toastbrotscheiben schneiden.

2. Vom Eisbergsalat die äußeren welken Blätter entfernen. Die restlichen Blätter ablösen und im Spülbecken in reichlich kaltem Wasser waschen. Gleich herausnehmen, in ein Sieb geben und gründlich abschütteln. In kleine, mundgerechte Stücke zupfen.

3. Die Gurke mit dem Kartoffelschäler schälen und mit dem Gemüsehobel in feine Scheiben hobeln. Die Möhren ebenfalls schälen und auf der Gemüsereibe fein raspeln.

4. Die Pumpernickelscheiben mit der Geflügelleberwurst bestreichen. Darauf jeweils ein paar Salatblätter, einige Gurkenscheiben und 1 TL Möhrenraspel schichten. Mit 1 EL Frischkäse abschließen und alles mit einem Messer etwas platt streichen.

5. 10 Toastbrotscheiben dünn mit Frischkäse bestreichen. Darauf ebenfalls jeweils ein paar Salatblätter, einige Gurkenscheiben und 1 TL Möhrenraspel schichten. Mit 1 EL Frischkäse abschließen und alles mit einem Messer etwas platt streichen.

6. Nun abwechselnd 5-mal je 3 Pumpernickel- und 2 Toastbrotscheiben aufeinander stapeln, darauf die restlichen unbelegten Toastscheiben legen und fest andrücken.

7. Jeden Brotturm über Kreuz in vier Teile schneiden. Dann jeweils einen Holzspieß durch einen Turm stecken. Die Cocktailtomaten waschen, abtrocknen und oben als Abschluss aufspießen.

- Wer keine Leberwurst mag, kann auch alle Brote mit dem Frischkäse bestreichen. Oder mit ganz dünnen Schinkenscheiben belegen.

Kräuter-Frischkäse

So kann man den Kräuter-Frischkäse selbst machen: Je 1/2 Bund Petersilie, Schnittlauch und Dill unter fließendem kaltem Wasser gründlich waschen, dann gut abschütteln und auf einem Brett fein hacken. 300 g Frischkäse in eine kleine Schüssel geben und mit den Kräutern und etwas Salz und Pfeffer mischen.

Kartoffel-Gemüse-Salat

Für etwa 10 Portionen braucht man:

1,2 kg fest kochende Kartoffeln

Salz • 2 Kohlrabi

1 Bund junge Möhren

300 g Erbsen (tiefgekühlt)

300 g gekochten Schinken

3 TL gekörnte Gemüsebrühe

3 Tassen heißes Wasser

Pfeffer • 6 EL Essig • 6 EL Öl

1 EL Senf • 4 EL Crème fraîche

1. Die Kartoffeln unter fließendem kaltem Wasser abbürsten. Etwa 3 Zentimeter hoch Wasser in einen großen Topf geben und 1 TL Salz hinzufügen. Die Kartoffeln hineingeben, den Deckel auf den Topf legen und die Kartoffeln auf höchster Stufe zum Kochen bringen.

2. Wenn die Kartoffeln kochen, die Hitze auf mittlere Stufe zurückschalten und und die Kartoffeln in 20 Minuten (Küchenwecker stellen!) nicht zu weich kochen.

3. Inzwischen die Kohlrabi mit einem Küchenmesser rundherum schälen und in etwa 6 bis 7 Millimeter dicke Scheiben schneiden. Die Scheiben in Stifte und diese wiederum in kleine Würfel schneiden. Die Möhren waschen, mit dem Kartoffelschäler schälen und in feine Scheiben schneiden.

4. Etwas Wasser in einem Topf erhitzen und die Kohlrabi- und Möhrenstückchen und die tiefgefrorenen Erbsen in 5 bis 7 Minuten bissfest kochen. In ein Sieb gießen und abtropfen lassen.

5. Den Schinken in feine Streifen oder Würfel schneiden. Die gekochten Kartoffeln in ein Sieb gießen und abtropfen lassen. Auf eine Gabel spießen und pellen, dann in dünne Scheiben schneiden und in eine große Schüssel geben.

6. Die Brühe in dem heißen Wasser auflösen und mit 1 TL Salz, 1 Prise Pfeffer, Essig und Öl verquirlen. Die Kartoffelscheiben mit der Mischung begießen und 15 Minuten ziehen lassen.

7. Den Senf mit Crème fraîche verrühren und mit Gemüse und Schinken unter die Kartoffeln mischen. Nochmals 15 bis 20 Minuten ziehen lassen.

● Der Salat schmeckt noch besser, wenn er über Nacht durchziehen kann. Daher macht man den Salat am besten schon am Tag zuvor, stellt ihn dann in den Kühlschrank und holt ihn, kurz bevor die Gäste kommen, wieder heraus.

Kichererbsenpaste

Für etwa 10 Portionen braucht man:

250 g Kichererbsen (aus der Dose)

2 Zitronen

1–2 Knoblauchzehen

140 g Sesampaste (Tahin)

1/2 TL Salz

1 Prise gemahlenen Kreuzkümmel

1 Bund Petersilie • 5–6 EL Olivenöl

2 TL Paprikapulver (edelsüß)

1. Die Kichererbsen in ein Sieb geben, mit kaltem Wasser abspülen und abtropfen lassen. Die Kichererbsen in einen hohen Mixbecher geben und mit dem Stabmixer pürieren.

2. Die Zitronen auspressen und den Saft mit dem Mus vermischen. Das Kichererbsenmus durch ein feines Sieb streichen.

3. Die Knoblauchzehe(n) abziehen und durch die Knoblauchpresse in eine kleine Schüssel drücken. Die Sesam-

paste dazugeben und mit dem Knoblauch verrühren. Mit Salz und Kreuzkümmel würzen.

4. Das Kichererbsenmus mit der Sesam-Knoblauch-Mischung verrühren. Die Petersilie waschen und trockenschütteln, die groben Stiele entfernen und die Blättchen abzupfen. Petersileinblättchen klein schneiden und unter das Mus mischen.

5. Das Öl und das Paprikapulver in einer Tasse verrühren. Das Kichererbsenmus in eine Schale geben und das Paprikaöl darüber gießen.

Erbsen, die kichern?

Kichererbsen sind in Wirklichkeit gar keine Erbsen. Sie sind Samen eines Buschs aus Vorderasien, der heute in Nordafrika, Indien und Südamerika verbreitet ist. Etwas haben Kichererbsen aber doch mit Erbsen gemeinsam: Sie zählen ebenfalls zu den Hülsenfrüchten und werden auch als Gemüse gegessen oder zu Mehl vermahlen. Übrigens: der Name hat nichts mit Kichern zu tun, sondern leitet sich vom lateinischen Namen „cicer“ ab.

Picknick

Kommt, wir machen ein Picknick! Welchem Kind muss man das zweimal sagen? Denn Kinder sind meist gern an der frischen Luft. Und den meisten kleinen wie auch großen Essern schmeckt es viel besser, wenn sie in Gesellschaft sind. Aber was ist das eigentlich für ein komisches Wort, „Picknick" und wo kommt es her?

Essen unter freiem Himmel

Englisch oder französisch?

Darüber streiten sich Franzosen und Engländer. Der Wortstamm verweist auf einen französischen Ursprung. Denn im Französischen gibt es den Begriff „pique nique". Den kann man zwar nicht richtig übersetzen, aber er bedeutet „eine gemeinsam eingenommene Mahlzeit im Grünen".

Essen in Gemeinschaft

Ein Picknick passt immer, und es spricht alles dafür, bei schönem Wetter den Picknickkorb mit allerhand Leckerem zu packen und das Mittagessen auf einer Wiese einzunehmen, etwa unter einer schattigen Kastanie oder an einem kleinen Bachlauf. Die Engländer machen es uns vor: Neben Tischtüchern, Porzellan und Champagnerkelchen haben sie sogar immer einen Regenschirm dabei. Denn in England regnet es ziemlich häufig. Doch das tut der Freude am Picknick keinen Abbruch.

Ursprung des Picknicks

Warum konnte sich die Picknickkultur in England trotz der unsteten Witterung so enorm entwickeln? Ein Grund mag in der Vorliebe der britischen Herrscher für große Landschaftsgärten liegen. Sie kamen im 18. Jahrhundert in Mode. Die Adligen überboten sich darin,

die Parks um ihre Schlösser herum mit künstlichen Seen und verstreuten Baumgruppen zu versehen, aber auch mit Tempeln, Grotten und anderen Spielereien. Nun war es für die Schlossherren zwar angenehm, im eigenen Park lustzuwandeln. Aber es machte noch viel mehr Spaß, mit Freunden (das waren damals natürlich nur hochgestellte Persönlichkeiten) in diesen Anlagen zu speisen. „Alfresco Soupers“ hießen diese eleganten Vorläufer des Picknicks und sie wurden von Konzerten, Balletteinlagen und Feuerwerk umrahmt. Überhaupt hat die Beliebtheit des Picknicks durch alle Gesellschaftsschichten etwas damit zu tun, dass das englische Königshaus bis heute Picknicks veranstaltet. Denn schon immer hat das Bürgertum sich bemüht, die Lebensweise des Adels nachzuahmen – natürlich etwas schlichter, weil die Bürger ja nicht so reich wie die Adligen waren. Und so ein Picknick lässt sich mit geringstem Aufwand und wenig Geld durchführen. Wenn man in einer herrlichen Landschaft sitzt und die Sonne scheint, fühlt man sich in jedem Fall königlich.

Picknick im Grünen

Party unter freiem Himmel

Ein Picknick kann man überall veranstalten: Auf einer Lichtung im Wald, am Meeresstrand, auf einem Berg oder im Park mitten in der Großstadt. Der Ort ist nicht das Entscheidende, sondern das Ereignis. Zentral ist beim Picknick die Vorbereitung: Da man alles, was man braucht, mitnehmen muss, erfordert dies nämlich einige Organisation.

Der Picknickkorb

Zum Picknick auf englische Art gehört mindestens ein Korb, in dem Teller, Becher, Besteck, Tischtücher und Servietten und was man sonst noch so braucht, untergebracht werden. Mutters Einkaufskorb ist dafür bestens geeignet. Das Essen transportiert man am sichersten in verschließbaren Kunststoffbehältern und ebenfalls in Körben oder Rucksäcken. Alles, was auslaufen könnte, am besten in Gefriertüten oder Plastiktüten packen. Als Transportfahrzeug eignet sich der gute alte Bollerwagen, sofern im Besitz oder ausleihbar.

Was man für ein Picknick alles braucht

Je nach Anzahl der Gäste benötigt man eine oder mehrere Tischdecken, Servietten, Teller und Besteck nach Speisenplan. Will man nicht so viel mitnehmen, können die Kinder sich vor Ort aus festem Transparentpapier **Becher** falten. Das geht ganz einfach: Aus einem 16 x 16 Zentimeter großen Stück Papier ein Dreieck falten. Danach eine der spitzwinkligen Ecken des Dreiecks bis zur Mitte des gegenüberliegenden Schenkels falten. Das Papier wenden und nun die zweite spitzwinklige Ecke wie die erste fal-

ten. Zum Schluss die beiden hochstehenden Ecken des Ursprungsdreiecks in die offenen Seitenwände hineinschieben. Fertig ist der Becher. Dekoration ist beim Picknick die Natur selbst. Ein Kranz von Gänseblümchen ergibt einen sommerlichen **Serviettenring**. Wenn die Party bis in die Abendstunden hinein dauern soll, kann man mit selbst hergestellten **Harzfackeln** für eine stimmungsvolle Atmosphäre sorgen. Dafür braucht man je einen geraden dicken Stock, den Deckel eines Marmeladenglases, einen Nagel, Kiefernzapfen und getrocknetes Baumharz oder Wachsreste. Den Stock unten anspitzen. Den Deckel mit der Vertiefung nach oben auf das obere Ende des Stocks nageln. Harz- oder Wachskügelchen zwischen die Schuppen des Zapfens schieben. Etwas Harz oder Wachs mithilfe einer Kerze schmelzen und auf den Deckel träufeln. Den Zapfen fest hineindrücken. Den Stock in die Erde stecken und den Zapfen anzünden.

Und so macht man Papierkörbchen:

1. Aus Tonpapier ein Quadrat schneiden. Von allen Seiten einmal so falten, dass neun gleich große Quadrate entstehen.

2. Mit der Schere diagonal von jeder Spitze bis zur ersten Faltlinie einen Schnitt machen. Vier Dreiecke ganz herausschneiden.

3. Alle Seiten zur Hälfte nach innen falten. Die Dreiecksseiten hochstellen und umbiegen. Die geraden Seiten über die Dreiecke stülpen.

4. Für den Henkel ein Rechteck ausschneiden, zur Hälfte zusammenfalten und ankleben.

Party-Timer

2 Wochen vor dem Fest

- Ort und Dauer des Fests festlegen (z. B. Park, Wald, Ufer eines Sees oder Bachs)
- Gästeliste aufstellen
- Gäste einladen, mit besonderem Hinweis auf geplantes Picknick und Treffpunkt
- Transport der Gäste organisieren

1 Woche vor dem Fest

- Transparentpapier, Schraubdeckel, Nägel, Tonpapier usw. besorgen und Bastelarbeiten ausführen
- Lebensmittel kaufen, die lange haltbar sind (Schokolade, Käse, Gyoza-Teigblätter und Maisgrieß usw.)
- Unbedingt (!) Helfer organisieren
- Bollerwagen oder sonstige Transportmittel organisieren

1 bis 2 Tage vor dem Fest

- Frische Lebensmittel einkaufen
- **Kirschmichel**, **Maiskloß** und **Teigtaschen** backen
- **Konfekt** zubereiten
- Picknickkörbe organisieren

Am Vormittag des Picknicks

- **Beerenquark** zubereiten
- **Käse-Rührei** braten
- **Mürbeteigküchlein** backen
- **Limettenlimo** ansetzen

Für das Picknick einpacken

- Teller, Becher, Besteck, Servietten, großes Tuch oder Tischdecke, Decken und Matten
- **Limettenlimo-Ansatz** und Wasserflaschen verpacken
- Alle Lebensmittel sicher in Plastik- oder Metalldosen bzw. Körbe verpacken
- Bastelmaterialien sowie Müllsäcke einpacken

Schlechtwettertipp

In Mitteleuropa ist der Sommer ein wankelmütiger Geselle. Selbst in länger anhaltende Schönwetterperioden platzen immer wieder mal Wolkenbrüche hinein. Wer ein Picknick geplant hat und es regnet, muss nicht verzweifeln. Kinder sind flexibel und haben meist Spaß an Ungewöhnlichem: Warum also nicht einmal die Möbel beiseite rücken und ein Picknick im Wohn- oder Kinderzimmer oder im Hobbykeller veranstalten?

Mürbeteigküchlein

Für etwa 10 Küchlein braucht man:

250 g Mehl
3 TL Backpulver
50 g Butter • 150 ml Milch
1 TL Zucker • Salz
Mehl für die Arbeitsfläche und das Nudelholz
Butter für das Backblech
Butter und Erdbeermarmelade zum Bestreichen

1. Das Mehl und das Backpulver in eine Schüssel geben. Mit einem Esslöffel eine Mulde hineindrücken. Die Butter in Stückchen schneiden und auf dem Rand verteilen.

2. Milch, Zucker und 1 Prise Salz in die Mulde geben und alles mit einem Rührlöffel zu einem Teig verrühren. Mit den (gewaschenen!) Händen nochmals gut durchkneten und den Teig zu einer Kugel formen. Etwa 15 Minuten mit einem Geschirrtuch zugedeckt kühl stellen.

3. Den Backofen auf 220 Grad (Umluft 200 Grad) vorheizen. Den Teig auf der bemehlten Arbeitsplatte mit einem bemehlten Nudelholz etwa 3 Zentimeter dick ausrollen.

4. Mit einer runden Ausstechform oder einem Glas 10 Teigkreise von etwa 5 Zentimeter Durchmesser ausstechen. Den restlichen Teig nochmals ausrollen und kleinere Küchlein daraus formen.

5. Ein Backblech mit etwas Butter bestreichen und die Mürbeteigküchlein darauf setzen.

6. Das Blech (mit Topfhandschuhen!) auf die mittlere Schiene im Backofen schieben und etwa 20 Minuten backen.

7. Die Mürbeteigküchlein mit Butter und Erdbeermarmelade bestreichen.

- In England heißen die Mürbeteigküchlein „Scones“, und man bestreicht sie noch warm mit Orangenmarmelade.
- Man kann natürlich auch geschlagene Sahne auf die Küchlein streichen.
- Man kann auch zwei Scones mit einer Füllung aus Butter, Marmelade und/oder Sahne aufeinander legen.

Beerenquark

Für etwa 10 Portionen braucht man:

500 g Beeren (z. B. Erdbeeren, Himbeeren oder Johannisbeeren)

4–5 EL Zucker

1 kg Magerquark

200 g Sahne

2 Päckchen Vanillezucker

4 EL Zitronensaft

1. Die Beeren putzen, kurz waschen und alle Stiele und Blättchen entfernen. In ein Sieb geben und gut abtropfen lassen. Tiefgefrorene Früchte in eine Schüssel geben, mit 2 EL Zucker bestreuen und etwa 20 Minuten auftauen lassen.

2. Den Quark und die Sahne in eine große Rührschüssel geben und mit den Quirlen des Rührgeräts zu einer cremigen Masse verrühren.

3. Den Vanillezucker, den (restlichen) Zucker und den Zitronensaft dazugeben. Zum Schluss die Beeren mit einem Löffel gut untermengen.

- Der Beerenquark passt sowohl zum Kirschmichel als auch zu den Mürbeteigküchlein.

Und so kann man den Beerenquark verändern:

- Den Quark mit anderen Früchten statt mit Beeren zubereiten, z. B. mit klein geschnittenen Pfirsichen, Mangos oder Ananas.
- Wer kein frisches Obst zur Hand hat, kann den Quark auch mit eingelegten Früchten wie zum Beispiel Kirsch- oder Pflaumenkompott zubereiten.
- Man kann statt Beerenquark auch Beerenjoghurt machen: Einfach das Rezept statt mit Quark mit der gleichen Menge Naturjoghurt zubereiten!

Besonders fein: **Beerensahne.** Dafür 100 g Erdbeeren waschen, putzen und klein schneiden. In einer Rührschüssel 500 g Sahne mit den Quirlen des Rührgeräts steif schlagen. Dann 2 EL Puderzucker und die Erdbeeren dazugeben und mit dem Rührgerät untermischen.

Kirschmichel

Für 1 große Auflaufform braucht man:

500 g frische Kirschen oder
1 1/2 Gläser entsteinte Sauerkirschen (ca. 450 g Abtropfgewicht)
Butter für die Form
6 Eier • 200 g Zucker
150 g weiche Butter
250 g Weizengrieß
750 g Magerquark
2 TL Backpulver
1 unbehandelte Zitrone

1. Die frischen Kirschen von den Stielen zupfen und in ein Sieb geben. Unter fließendem kaltem Wasser sorgfältig waschen, dann gut abtropfen lassen. Mit dem Kirschentsteiner entsteinen. Oder: Kirschen aus dem Glas in ein Sieb abgießen, dabei den Kirschsaft auffangen.

2. Eine Auflaufform mit Butter einfetten. Den Backofen auf 200 Grad (Umluft 180 Grad) vorheizen.

3. Die Eier einzeln über einer Tasse aufschlagen. Das Eigelb in eine Rührschüssel gleiten lassen, das Eiweiß in einer weiteren hohen Rührschüssel auffangen, mit den Quirlen des Rührgeräts steif schlagen und kühl stellen.

4. Zucker und Butter zu dem Eigelb in die Schüssel geben und mit den gereinigten Quirlen des Rührgeräts schaumig schlagen. Grieß, Quark und Backpulver hinzufügen und alles gut vermischen.

5. Die Zitrone sorgfältig waschen, abtrocknen und die Schale auf einer feinen Küchenreibe in den Teig reiben. Dann die Zitrone halbieren, die Hälften auspressen und den Saft ebenfalls untermischen. Anchließend die Kirschen unter die Quarkmasse rühren.

6. Den Eischnee mit einem Teigschaber vorsichtig unter die Quark-

Kirsch-Masse heben – nicht zu stark rühren, sonst wird die Luft wieder aus dem Eischnee geschlagen, und die Masse wird nicht locker.

7. Die Quarkmasse in die Auflaufform füllen. Die Form (mit Topfhandschuhen!) auf die mittlere Schiene im Backofen schieben und den Kirschmichel etwa 40 Minuten backen, am besten Küchenwecker stellen.

Übrigens...

Kirschmichel ist ein süddeutsches Rezept und heißt in manchen Gegenden auch Kirschplotzer. Man kann ihn übrigens statt mit Weizengrieß ebenso gut mit 200 g Hirseflocken, die vorher in 10 EL Milch eingeweicht wurden, zubereiten.

Konfekt

Für $^1/_2$ Backblech braucht man:

250 g Mehl • 250 g Zucker

4 zerriebene Safranfäden

150 ml Wasser

2 EL Rosenwasser (aus der Apotheke)

125 g Butter

etwa 20 Walnusshälften zum Verzieren

1. Eine Pfanne auf die Herdplatte stellen und auf höchster Stufe erhitzen. Das Mehl hineingeben und unter Rühren erwärmen. Dann das Mehl in eine Schüssel füllen.

2. Zucker, Safran, Wasser und Rosenwasser in einen kleinen Topf geben, auf höchster Stufe erhitzen und aufkochen lassen, dabei umrühren.

3. Die Butter in die heiße Pfanne geben und schmelzen lassen. Das Mehl dazugeben und in der Butter anschwitzen, dabei mit dem Pfannenwender gut umrühren.

4. Das Zuckerwasser nach und nach in das Butter-Mehl-Gemisch gießen und gut verrühren, bis eine feste Masse entstanden ist.

5. Die Masse mit einem großen Messer glatt auf die Hälfte eines Backblechs streichen und die Walnusshälften in gleichmäßigen Abständen darauf setzen. Das Konfekt abkühlen lassen, dann in kleine Stücke schneiden.

6. Das Konfekt in eine verschließbare Keksdose füllen und zum Picknick mitnehmen.

Obwohl Rosenwasser etwas Besonderes ist, entsteht es eigentlich als Abfallprodukt bei der Herstellung von Rosenöl. Dieses ätherische Öl wird aus den Blütenblättern der „Damaszener Rose“ gewonnen und ist überaus kostbar. In der arabischen Küche wird Rosenwasser zum Parfümieren von Speisen verwendet wie hier für das Konfekt. Bei uns kommt es zum Beispiel bei der Herstellung von Marzipan zum Einsatz.

Limettenlimo

Für etwa 20 Gläser (à 0,2 l) braucht man:

10 unbehandelte Limetten

8 EL Honig

10 EL Zucker

5 Flaschen gekühltes Mineralwasser (à 0,7 l)

1. Die Limetten mit warmem Wasser sorgfältig waschen und abtrocknen. Die oberste Schicht vorsichtig auf einer Zitronenreibe oder der feinen Seite der Küchenreibe rundherum abreiben und in eine kleine Schüssel geben.

2. Die Limetten halbieren, den Saft auspressen und zur abgeriebenen Schale geben. Den Honig mit Zucker, Limettenschale und -saft verrühren und etwa 15 Minuten ziehen lassen.

3. Danach das gekühlte Mineralwasser dazugießen und alles gut vermischen. Die fertige Limettenlimo zurück in Glas- oder Plastikflaschen füllen und in den Picknickkorb packen.

Und so kann man die Limettenlimo verändern:

- Statt mit Limetten kann man die Limo auch mit unbehandelten Zitronen machen.
- Besonders schön sieht es aus, wenn man zum Picknick ein paar Walderdbeeren oder Himbeeren mitnimmt. Vor dem Trinken in jedes Glas zuerst ein paar Beeren legen und dann die Limettenlimo darauf gießen.
- Man kann jedes Glas noch mit Limetten- oder Zitronenscheiben dekorieren. Dafür 2 Limetten oder Zitronen mit warmem Wasser waschen, abtrocknen und in etwa 4 Millimeter dicke Scheiben schneiden. Die Limetten oder Zitronenscheiben auf einer Seite einschneiden und auf die Glasränder stecken.

Übrigens...

Vorsicht: Wenn eine Limonadenflasche lange geschüttelt wird, kann sie explodieren. Damit beim Transport nichts passiert, kann man die Limettenlimo daher auch mit Leitungswasser vorbereiten, in Flaschen abfüllen und so zum Picknick mitnehmen. Ist man angekommen, gibt man dann einfach pro Glas Limo 1/2 TL Haushaltsnatron dazu – und schon schäumt die Limo...

Teigtaschen

Für 30 Teigtaschen braucht man:

30 Gyoza-Teigblätter
(siehe Tipp rechts)

1 TL Sesamöl

1/4 l Wasser

Für die Füllung:

200 g Rinderhackfleisch

1 Knoblauchzehe

1 EL Sojasauce

1/2 TL Salz • Pfeffer

1 frische Ingwerscheibe

1/2 Lauchstange

3 Chinakohlblätter

Für die Soße:

250 ml Sojasoße

250 ml Reisessig

1 TL Senf

1. Das Hackfleisch in eine Schüssel geben. Die Knoblauchzehe schälen und durch die Knoblauchpresse zum Fleisch drücken. 1 EL Sojasoße, Salz und Pfeffer unter das Hackfleisch mischen. Ingwer dazureiben.

2. Den Lauch putzen, waschen und in feine Ringe schneiden. Die Chinakohlblätter mit heißem Wasser überbrausen und in feine Streifen schneiden. Lauch und Chinakohl mit dem Hackfleisch vermischen.

3. Die Teigblätter auf der Arbeitsplatte auslegen und jeweils 1 Teelöffel der Hackfleisch-Gemüse-Mischung darauf geben. Die Ränder der Teigblätter mit etwas Wasser anfeuchten und zur

Hälfte über die Füllung schlagen. Die Ränder dann fest andrücken, sodass Halbkreise entstehen.

4. In einer Pfanne das Sesamöl auf höchster Stufe erhitzen. Die Hitze zurückschalten und die Teigtaschen nacheinander etwa 3 Minuten im Öl von beiden Seiten goldbraun braten.

5. Alle Teigtaschen in die Pfanne geben und das Wasser dazugießen. Bei mittlerer Hitze die Teigtaschen garen, bis das Wasser verdampft ist.

6. In einer kleinen Schüssel die Sojasoße, den Reisessig und den Senf vermischen.

7. Die Teigtaschen und die Soße jeweils in Plastikbehälter packen.

Übrigens...

Fertige Gyoza-Teigblätter gibt es in Asienläden zu kaufen. Wer aber Lust und Zeit hat, kann sie auch ganz einfach selbst machen: Dafür 250 g Weizenmehl mit $^1/_8$ l kochendem Wasser zu einem Teig vermischen. Daraus formt man mit den (sauberen!) Händen kleine Bällchen und rollt sie mit dem Nudelholz zu dünnen, runden Teigblättern aus. Und schon kann man sie – wie im Rezept beschrieben – füllen, braten und kochen.

Käse-Rührei

Für 10 Portionen braucht man:

10 Eier

300 g Gouda (jung oder mittelalt)

4 EL Crème fraîche

$1^1/_2$ TL Salz • Pfeffer

2 Msp. Muskatnusspulver

1 Bund Schnittlauch

4 EL Butter

1. Die Eier in eine große Schüssel aufschlagen.
2. Den Käse reiben und mit der Crème fraîche zu den Eiern geben. Mit einer Gabel alles gut verquirlen.
3. Salz, Pfeffer und Muskatnuss dazugeben und verrühren.
4. Den Schnittlauch waschen, trockenschütteln und mit der Schere in kleine Röllchen schneiden.

5. Die Butter in einer Pfanne auf höchster Stufe schmelzen lassen. Die Eiermasse hineingeben, die Hitze zurückschalten und die Masse stocken lassen. Dabei mit dem Pfannenwender das Rührei in kleine Stücke zerstoßen und von allen Seiten anbraten.

6. Den Schnittlauch über das fertige Rührei streuen und auf Teller verteilen. Dazu passt gut Toast oder auch Bauern- und Vollkornbrot.

Gouda-Käse heißt auch Holländer Käse. Er kommt aus dem niederländischen Ort Gouda bei Rotterdam. Der Gouda-Käse wird in runden Laib-Formen hergestellt, dabei wiegt jeder Käselaib zwischen 8 und 12 kg. Der buttergelbe Schnittkäse durchläuft drei Reifestadien: Der junge Gouda ist etwa 5 Wochen alt – er schmeckt sahnig und mild. Der mittelalte Gouda ist 5 bis 6 Monate alt – er hat einen kräftigen, würzigen Geschmack. Der alte Gouda schmeckt nach 18 Monaten Reifezeit recht herzhaft und pikant.

Maiskloß mit Tomaten

Für etwa 10 Portionen braucht man:

2 Zwiebeln • 8 Tomaten

4 Möhren • 2 rote Paprikaschoten

1 Lauchstange

1 l Fleisch- oder Gemüsebrühe

5 Msp. Pimentpulver

1–2 TL Salz

400 g groben Maisgrieß

1. Die Zwiebeln schälen, halbieren und in feine Würfel schneiden. Tomaten, Möhren, Paprikaschoten und Lauchstange waschen.

2. Den Stielansatz der Tomaten entfernen und die Tomaten in kleine Stücke schneiden. Die Möhren schälen und in kleine Würfel schneiden. Die Paprikaschoten halbieren, die weißen Innenhäute und die Kerne entfernen und die Paprika in feine Streifen schneiden. Die Lauchstange putzen, halbieren und in dünne Ringe schneiden.

3. Die Fleisch- oder Gemüsebrühe in einem großen Topf auf mittlerer Stufe erhitzen. Die Gemüsestückchen hineingeben und mit Piment und Salz etwa 20 Minuten garen.

4. Dann unter ständigem Rühren langsam den Maisgrieß hineinrieseln lassen. Die Temperatur zurückschalten und den Mais etwa 5 Minuten fertig garen, dabei sehr kräftig mit einem Rührlöffel rühren, bis ein fester Kloß entsteht.

5. Den Kloß auf eine Platte stürzen, kurz abkühlen lassen und zu einer Art Brotlaib formen. Dann in Alufolie packen und beim Picknick in dicke Scheiben schneiden.

- Man kann vor dem Verpacken in Alufolie ein paar Butterflöckchen oder etwas Käse über den Maiskloß streuen.
- Zum Maiskloß passen am besten ein frischer Salat und eine Gemüsesoße.

Maiskloß – so wird's gemacht:

1. Den Maisgrieß in die Brühe rieseln lassen.

2. Die Mischung kräftig rühren, bis ein fester Kloß entsteht.

3. Den Maiskloß stürzen und in dicke Scheiben schneiden.

Piratenparty

Sie sind bekannt als wilde Gesellen, die bis vor 200 Jahren über die Weltmeere segelten, Schiffe kaperten und die Küsten unsicher machten. Doch was die Piraten aßen und tranken, während sie oft viele Wochen auf dem Meer unterwegs waren, ohne an Land gehen zu können, das wissen die wenigsten. Haben sich die Seeräuber tagaus, tagein wohl nur von Fischen und Meerwasser ernährt?

Was aßen die Piraten?

Kekse mit „Untermietern“

Die Hauptnahrung der Piraten war der so genannte Schiffszwieback, ein trockener Keks aus Getreide und Wasser, den man lange aufheben konnte. Da die Lagerhaltung auf den Schiffen schwierig war, hatte der Schiffszwieback oft einmal „Untermieter“: Kornkäferlarven. Selbst verwegene Seeräuber sollen den Zwieback am liebsten nur im Dunklen gegessen haben...

Von Jägern zu Seeräubern

Fisch konnten sich die Piraten natürlich aus dem Meer angeln. Doch mit Fleisch war es schwieriger. Dies stand erst auf dem Speisezettel, als das Räucher- oder Dörrfleisch von den „Bukaniern“ eingeführt wurde. Diese lebten einst auf der Insel Haiti im Karibischen Ozean und räucherten in ihren Räucherhäusern (*boucan*) das Fleisch, das sie nach der Jagd nicht aufessen konnten. Als die spanischen Eroberer den Buka-

niern ihr Jagdgebiet wegnahmen, beschlossen sie, Seeräuber zu werden, um sich an den Spaniern zu rächen.

Gekochte Taschen

Aber die Nahrung an Bord war meist knapp und die Piraten litten oft Hunger. Da sie fast nie frisches Obst und Gemüse bekamen, fehlte es den Seeräubern an Vitamin C. Und so erkrankten viele von ihnen an Skorbut. Das ist eine Krankheit, die durch den Mangel an Vitamin C entsteht und an der man auch sterben kann. Manchmal war der Hunger auf den Schiffen so groß, dass die Seeräuber ihre Schuhe und Taschen aufaßen! Aus dem Jahr 1670 ist sogar noch ein Rezept dafür überliefert: „Schneide das Leder in dünne Scheiben, dann weiche es ein, schlage es und reibe es zwischen Steinen, um es mürbe zu machen. Kratze die Haare ab und brate es. Schneide es in kleine Stücke und serviere es mit viel Wasser."

Bier statt Wasser

Um so ein Ledersteak runterzubekommen, tranken die Seeräuber viel Bier, Branntwein und Schnaps. Süßwasser war auf hoher See Mangelware und man kann Salzwasser nicht trinken. Ob sich die Piraten auch mit Schnaps die Zähne putzten, ist nicht überliefert...

Piratenparty

Mit Ohrring und Augenklappe

Augenklappe und Holzbein, Bartstoppeln im sonnenverbrannten Gesicht, ein Ohrring und um die Glatze ein rotes Tuch geschlungen, so stellen wir uns heute Seeräuber vor. Und mit wenigen Mitteln kann sich jedes Kind in einen Piraten verwandeln. Denn wenn das Motto „Seeräuber" heißt, ist Verkleiden angesagt.

Piratentafel

Zur Seeräuberparty passt natürlich am besten eine hell- bis mittelblaue Tischdecke. Auch wenn es wahrscheinlich ist, dass Piraten gar keine Servietten benutzten, sollten sie bei der Seeräuberfete nicht fehlen. Mit einem kleinen goldenen Anker bemalte blaue Papierservietten passen zum Beispiel gut zur Dekoration.

Die **Meeresatmosphäre** wird betont, indem man bunten Zucker über den Tisch streut und Muschelschalen, die man beim letzten Urlaub gesammelt hat, oder Meeresfrüchte aus Schokolade locker auf dem Tisch verteilt. Gut macht sich auch ein Fischernetz als Tischdeko. Und geheimnisvolle Nachrichten in zugekorkten Flaschen wecken die Neugier der Gäste. Um die Goldpapier-Fische (siehe rechts) an Land zu bekommen, einfach an einen etwa 1 Meter langen Holzstab eine Schnur knoten und an deren Ende einen großen Haken aus Draht befestigen. Selbst Piraten freuen sich, wenn sie an ihrem Platz ein Namensschildchen finden. Aus Papier gefaltete Schiffchen, die mit Namen versehen sind, kommen sicher gut an. Schön sieht auch eine flache,

mit Wasser gefüllte Schüssel aus grünem oder blauem Glas aus, in der Kerzen schwimmen. Es gibt auch Schwimmkerzen in Form von Booten.

Seeräuberflaggen und Schatztruhen

Platzdeckchen kann man leicht herstellen, indem man aus Karton Flaggen ausschneidet und mit dem typischen Seeräuberemblem aus Totenkopf und gekreuzten Knochen bemalt. Selbstklebende Klarsichtfolie darüber und fertig. Wem das zu gruselig ist, der kann den Karton in Form einer Muschel oder eines Seesterns zurechtschneiden. Aus Goldpapier lassen sich einfach **Schatztruhen** falten (siehe Basteltipp, Seite 85 – nur ohne Henkel und ein zweites, etwas größeres Körbchen zusätzlich als Deckel basteln). Diese mit Schoko-Crossies (siehe Seite 114) füllen – ergibt einen prima Gewinn.

Und so macht man Goldpapier-Fische:

1. Aus grünem oder rotem Goldpapier mehrere etwa 12 x 15 Zentimeter große Rechtecke ausschneiden.

2. In jedes Goldpapierrechteck eine Süßigkeit, z. B. Bonbons, Schoko-Riegel oder Gummibärchen, einwickeln.

3. Beide Enden glatt streichen. An einer Seite die Ecken zum Fischkopf falten, das andere Ende zu Flossen schneiden.

4. Ein Loch durch den Fischkopf stanzen. Einen dünnen Draht durchfädeln.

Party-Timer

2 Wochen vor dem Fest

- Ort und Dauer des Fests festlegen (z. B. Wohnzimmer, Garten, Park oder Schwimmbad)
- Gästeliste aufstellen
- Gäste einladen, Helfer organisieren

1 Woche vor dem Fest

- Papierservietten, Meeresfrüchte aus Schokolade, Schwimmkerzen usw. besorgen und Bastelarbeiten ausführen
- Lebensmittel kaufen, die lange haltbar sind (Schokolade, Kartoffeln, Cornflakes usw.)

1 bis 2 Tage vor dem Fest

- Restliche Lebensmittel einkaufen
- **Nusskuchen** backen und als Schiff dekorieren
- Partyraum dekorieren

Am Vormittag des Festtags

- **Obstsalat** vorbereiten
- Eiswürfel herstellen
- Fleisch marinieren und die **Gemüse-Fleisch-Spieße** zusammenstecken

- **Grünen Quark** zubereiten; **Fisch-Pommes** schälen, in Form schneiden und mit kaltem Wasser bedeckt kühl stellen
- Zutaten für **Schoko-Crossies** zusammenstellen
- Teig für **Bananenküchlein** vorbereiten
- Teller, Besteck und Gläser für nachmittags und abends vorbereiten

Kurz bevor die Gäste kommen

- Tisch decken, **Schiffchen** als Namensschilder verteilen, Servietten bemalen und falten
- **Minzetee** herstellen
- **Bananenküchlein** backen
- **Obstsalat** anrichten

Während des Fests

- **Schoko-Crossies** mit den Kindern herstellen, Schatztruhen basteln
- Mit den Kindern Spieße grillen
- **Fisch-Pommes** abtropfen lassen, mit Küchenpapaier abtrocknen und backen
- **Räucherlachskringel** fertig stellen

Piratenfest mit Wasser

Eine Piratenparty kann man draußen auch prima mit einem Wasserfest kombinieren. Denn schließlich waren Piraten auf dem Meer unterwegs. Sind die geladenen Gäste jüngere Kinder, so sorgt ein Plantschbecken für Vergnügen. Für größere Seeräuber sind hingegen ein Bachlauf oder ein Teich ideal. Schatztruhen (siehe Seite 109) auf selbst gebauten Mini-Flößen loszuschicken macht zum Beispiel riesigen Spaß…

Obstsalat mit Fruchteis

Für etwa 10 Portionen braucht man:

- 400 ml Orangen- oder Himbeersaft
- 1 Wassermelone
- 150 g Erdbeeren oder Himbeeren
- 150 g blaue Weintrauben
- 2 Bananen • 2 Kiwis
- 2 Nektarinen oder Pfirsiche
- 1 Birne oder Apfel
- 1 Orange oder Zitrone
- 5 EL Zucker
- ein paar Stängel Zitronenmelisse

1. Zwei Eiswürfelbereiter mit Orangen- oder Himbeersaft füllen und die Eiswürfel etwa 3 Stunden im Kühlfach gefrieren lassen.

2. Währenddessen von der Melone oben einen Deckel abschneiden. Das Fruchtfleisch mit einem Löffel oder einem Kugelausstecher herauslösen und in eine Schüssel geben.

3. Die Erdbeeren kurz waschen und die Stiele entfernen. Die Trauben abzupfen, in ein Sieb geben und mit Wasser abbrausen. Gut abtropfen lassen und mit den Erdbeeren zur Melone in die Schüssel geben.

4. Die Bananen und die Kiwis schälen, in kleine Scheiben schneiden, Kiwischeiben halbieren und beides in die Obstschüssel geben.

5. Die Nektarinen und die Birne gründlich waschen, halbieren oder vierteln und vom Stein bzw. Kerngehäuse befreien. Dann in kleine Scheiben schneiden und zum restlichen Obst geben.

6. Die Orange halbieren, den Saft auspressen und über das Obst gießen. Den Zucker darüber streuen, alles gut vermischen und den Salat etwas durchziehen lassen.

7. Die Zitronenmelisse unter fließendem kaltem Wasser waschen, gut abschütteln und die Blätter abzupfen.

8. Die Eiswürfelbehälter aus dem Kühlfach holen, mit heißem Wasser kurz überbrausen und die Eiswürfel herauslösen.

9. Die Eiswürfel unter das Obst mischen, den Obstsalat in die Melone füllen, mit den Zitronenmelisseblättchen bestreuen und sofort servieren.

Und das kann man noch mit dem Obstsalat machen:

- Den Fruchtsalat in ausgehöhlten Honigmelonen- oder Orangenhälften servieren.
- Noch etwas Sahne schlagen und eine kleine Haube auf den Obstsalat setzen.
- Über den Obstsalat ein paar geriebene Nüsse streuen.

Schoko-Crossies

Für etwa 80 Crossies braucht man:

200 g Vollmilchschokolade

200 g weiße Schokolade

200 g Crunchy Nut Cornflakes

etwa 80 Papier-Pralinenförmchen

1. Die braune und die weiße Schokolade in kleine Stücke brechen und jeweils getrennt in kleine Metallschüsseln geben.

2. Zwei mittelgroße Töpfe etwa zu einem Drittel mit Wasser füllen. Die Schüsseln mit der Schokolade in die Töpfe stellen und das Wasser auf höchster Stufe zum Kochen bringen.

3. Dabei die Schokoladen langsam schmelzen lassen. Ab und zu umrühren, damit sie gleichmäßig schmelzen.

4. Währenddessen jeweils 100 g Crunchy Nut Cornflakes in zwei Gefrierbeutel füllen und mit einem Gummiring verschließen. Die Flakes im Beutel mit der Hand zerdrücken oder mit dem Nudelholz zerkleinern.

5. Je einen Beutel mit zerkleinerten Flakes unter die braune bzw. unter die weiße Schokolade rühren, sodass eine feste Masse entsteht. Eventuell mit der Gabel die Flakes in der Schokolade noch weiter zerdrücken. Falls die Masse noch zu flüssig ist, noch weitere Flakes dazumischen.

6. Die Pralinenförmchen auf einer großen Platte oder einem Tablett aufstellen und mit einem Teelöffel jeweils ein kleines Häufchen einfüllen.

7. Die Crossies auf der Unterlage in den Kühlschrank oder an einen kühlen Ort stellen und fest werden lassen.

Und so kann man die Schoko-Crossies verändern:

- Nur weiße oder nur schwarze Crossies machen.
- Statt Crunchy Nut Cornflakes Mandelsplitter nehmen.
- Die Crossies in Alufolie oder Cellophanpapier wickeln und mit einem bunten Geschenkbändchen versehen.
- Zweifarbige Crossies machen: Dafür einfach in jedes Papierförmchen jeweils etwas von der weißen und der braunen Schokomasse füllen.

Übrigens...

Am besten stellt man die weißen und die schwarzen Schoko-Crossies hintereinander her. Sonst kann es passieren, dass eine der beiden Schokoladensorten schon fest ist, bevor man daraus Crossies geformt hat.

Bananenküchlein

Für etwa 30 Bananenküchlein braucht man:

42 g frische Hefe (1 Würfel)

3 EL Zucker

200 g Mehl

12 EL Milch

6–8 Bananen • 2 Eier

etwa 1 l Öl zum Ausbacken

1. Die Hefe in eine kleine Schüssel bröckeln, je 1 TL Zucker und Mehl und 4 EL Milch dazugeben, verrühren und etwa 15 Minuten gehen lassen.

2. Die Bananen schälen, klein schneiden und in einen Mixbecher geben. Den restlichen Zucker hinzufügen und die Bananen pürieren, falls nötig, noch etwas Wasser dazugeben.

3. Die Bananen in eine Schüssel füllen. Die Eier darin aufschlagen und mit dem Schneebesen unterrühren.

4. Die Hefemischung und das restliche Mehl zu der Bananenmasse geben. Den Teig mit einem Rührlöffel schlagen, dann mit einem Geschirrtuch zudecken und etwa 30 Minuten gehen lassen.

5. Inzwischen in einer Fritteuse das Öl erhitzen oder eine Pfanne etwa 3 Zentimeter hoch mit Öl füllen und auf höchster Stufe erhitzen. Wenn das Öl heiß ist, die Temperatur zurückschalten.

6. Aus dem Teig mit den (gewaschenen!) Händen kleine Bällchen formen und vorsichtig in das siedende Öl geben. Die Küchlein von allen Seiten knusprig braun backen.

7. Mit einem Schaumlöffel die Bananenküchlein herausnehmen, auf einem Kuchengitter abtropfen lassen und noch warm servieren.

Weil Bananen gut schmecken und obendrein auch noch viele Vitamine und Mineralstoffe enthalten, sind sie die ideale Stärkung für die Pause oder beim Sport. Bananen wachsen nicht in unseren Breiten, sondern müssen aus Afrika oder Mittel- und Südamerika zu uns gebracht werden. Der Name Banane kommt aus dem Arabischen und heißt Finger. Und warum sind Bananen krumm? Weil sie an der Bananenstaude nicht nach unten, sondern schräg nach oben der Sonne entgegen wachsen.

Piraten-Nusskuchen

Für 1 Kastenform, etwa 25 cm lang, braucht man:

Butter und Mehl für die Form

250 g weiche Butter • 4 Eier

1 Päckchen Vanillezucker

200 g Zucker • 300 g Mehl

3 TL Backpulver • Salz

200 g geriebene Haselnüsse

75 g Schokotröpfchen

evtl. etwas Milch

Zum Verzieren:

1 Packung fertiger Haselnuss-Guss

1 Packung große (!) Gummibärchen

Duplo-Riegel und Smarties

1. Den Backofen auf 180 Grad (Umluft 160 Grad) vorheizen. Die Form einfetten und mit Mehl bestäuben.

2. Die Butter in eine Rührschüssel geben und mit den Quirlen des Rührgeräts schaumig schlagen.

3. Eier mit Vanillezucker und Zucker dazugeben und so lange rühren, bis die Masse dick und goldgelb ist.

4. In einer weiteren Schüssel Mehl mit Backpulver, 1 Prise Salz, Nüssen und Schokotröpfchen vermischen.

5. Die Mehl-Nuss-Mischung zur Zucker-Eier-Mischung geben und miteinander verrühren. Etwas Milch dazumischen, bis ein zähflüssiger Teig entstanden ist.

6. Den Teig in die Form geben und glatt streichen. Auf die mittlere Stufe im Backofen schieben mit (Topfhandschuhen!) und 1 Stunde backen (Küchenwecker stellen!). Dann mit einem Holzstäbchen in den Kuchen stechen. Hängen noch feuchte Krümel am Stäbchen, weiterbacken.

7. Den Kuchen mit Topfhandschuhen herausnehmen, abkühlen lassen und vorsichtig aus der Form stürzen. Dann wieder umdrehen und auf eine Platte stellen. Oben gerade schneiden.

8. Den Guss nach Packungsanleitung flüssig machen und den Kuchen damit überziehen. Mit den Duplos und Smarties an der Außenseite Reeling und Bullaugen platzieren. Mit Holzspießen, Segeln usw. ein Piratenschiff aus dem Kuchen machen (siehe Kasten rechts).

● Das beim Formen abgeschnittene Kuchenstück in kleine Stücke zerteilen und einfach so essen!

Übrigens...

So wird aus einem Kastenkuchen ein Piratenschiff: Aus Papier oder buntem Stoff zwei Dreiecke (etwa 18 x 30 x 18 Zentimeter) schneiden. Je 1 Holzspieß oben und unten durch die Stoffdreiecke stecken, sodass die Segel am Mast befestigt sind. Walnusshälften als Rettungsboote auf das Schiff setzen. Gummibärchen als Piraten oder Matrosen auf dem Schiff verteilen.

Minzetee mit Eiswürfeln

Für etwa 20 Gläser (à 0,2 l) braucht man:

- 1 Bund frische Pfefferminze
- 10 Beutel Pfefferminztee
- 4 EL Kandiszucker (oder Kristallzucker)
- 750 ml Birnennektar
- 200 ml Apfelsaft

1. Die Minzestängel waschen, gut trockenschütteln und ein paar Blättchen abzupfen, die restlichen Stängel für die Dekoration beiseite legen. Jeweils 1 Minzeblättchen in ein Fach des Eiswürfelbereiters geben, dann Wasser in den ganzen Behälter gießen und die Eiswürfel etwa 2 bis 3 Stunden im Kühlfach gefrieren lassen.

2. In einem Topf 3 Liter Wasser auf höchster Stufe zum Kochen bringen.

Die Pfefferminzteebeutel in einen Krug geben und mit dem kochenden Wasser übergießen. Den Tee 15 bis 20 Minuten ziehen lassen, dann die Teebeutel entfernen, den Kandiszucker unterrühren und den Tee abkühlen lassen.

3. Den Eiswürfelbehälter aus dem Gefrierfach nehmen, mit heißem Wasser überbrausen und die Eiswürfel herauslösen. Jeweils ein paar Eiswürfel in ein Glas füllen.

4. Etwas abgekühlten Pfefferminztee in jedes Glas gießen und mit einem Schuss Birnennektar und Apfelsaft auffüllen, alles gut mit einem langen Löffel durchrühren. Nach Belieben mit Minzeblättchen dekorieren.

Und so kann man den Minzetee verändern:

- Noch einen Schuss Orangensaft dazugeben.
- Ein paar Spritzer Zitronensaft untermischen.
- Statt des Pfefferminztees kann man auch Pfefferminzsirup verwenden oder den Tee aus frischen Pfefferminzblättern aus dem Garten zubereiten.

Übrigens ...

Wieso steht eigentlich auf manchen Saftflaschen „Fruchtsaft“ und auf anderen „Fruchtnektar“? Das ist streng gesetzlich geregelt und hängt vom Obstgehalt des jeweiligen Getränks ab. Fruchtsaft muss zu 100 Prozent aus Saft von gepressten Früchten bestehen, Nektar nur zu 25 bis 50 Prozent.

Gemüse-Fleisch-Spieße

Für etwa 20 Spieße braucht man:

600 g Putenschnitzel

20 Champignons

20 Cocktailtomaten

2 Zucchini

je 1 gelbe und rote Paprikaschote

20 Holzspieße

oder Metall

Für die Marinade:

8 EL Öl • 8 EL Sojasoße

4 EL Ketchup • 2 EL Senf

Salz • Pfeffer

1. Die Putenschnitzel mit kaltem Wasser abwaschen, mit Küchenpapier trockentupfen und in etwa 3 Zentimeter große Würfel schneiden.

2. Für die Marinade in einer Schüssel das Öl, die Sojasoße, das Ketchup und den Senf mit 1 TL Salz und 2 Prisen Pfeffer verrühren. Die Fleischstücke in die Marinade legen. Den Backofengrill vorheizen.

3. Inzwischen die Champignons mit einem Backpinsel oder etwas Küchenpapier von der Erde befreien.

4. Die Tomaten, die Zucchini und die Paprikaschoten gründlich waschen und abtropfen lassen.

5. Die Enden der Zucchini abschneiden und den Rest in 2 Zentimeter dicke Scheiben schneiden.

6. Die Paprikaschoten halbieren, die Kerne und weißen Innenhäute herausschneiden. Die Paprikahälften in etwa 4 Zentimeter große Stücke schneiden.

7. Das Fleisch und die Gemüsestücke abwechselnd auf die Spieße stecken. Die restliche Marinade mit einem Pinsel auf das Gemüse streichen.

8. Die Spieße auf ein Backblech legen und das Blech (mit Topfhandschuhen!) auf die mittlere Schiene im Backofen schieben. Die Spieße etwa 5 bis 6 Minuten grillen, danach umdrehen und weitere 5 bis 6 Minuten grillen.

9. Mit Topfhandschuhen das Blech herausnehmen und die Gemüse-Fleisch-Spieße vor dem Servieren kurz abkühlen lassen.

Und so kann man die Spieße verändern:

- Statt Putenschnitzel Schweineschnitzel oder Hähnchenschnitzel nehmen.
- Wiener Würstchen auf die Spieße stecken.
- Wer es gern würzig mag, kann zum Beispiel einen Kräuter-Knoblauch-Quark dazu essen.

Fisch-Pommes mit Quark

Für etwa 2 Bleche braucht man:

2 kg fest kochende Kartoffeln
8 EL Öl • Salz
2 EL Kümmelsamen

Für den grünen Quark:

750 g Magerquark
100 g Sahne • 100 ml Milch
je 1/2 Bund Petersilie,
Schnittlauch und Dill
Salz • Pfeffer

1. Die Kartoffeln unter fließendem kaltem Wasser abbürsten und mit dem Kartoffelschäler schälen. In eine Schüssel mit kaltem Wasser geben, damit sie nicht braun werden. Den Backofen auf 180 Grad (Umluft 160 Grad) vorheizen.

2. Die Kartoffeln nacheinander der Länge nach halbieren, die Hälften noch einmal längs halbieren. Dann die Kar-

toffelspalten an einer Seite für den Fischkopf etwas abrunden, für die Schwanzspitze an der anderen Seite zwei Ecken herausschneiden (siehe rechts).

3. Zwei Backbleche mit je 2 EL Öl bestreichen. Auf jedes Blech 1 TL Salz und 1 EL Kümmel streuen.

4. Die Kartoffelfische nebeneinander auf beide Backbleche verteilen. Dann mit je 1 TL Salz bestreuen und mit je 2 EL Öl beträufeln.

5. Die Bleche (mit Topfhandschuhen!) auf die mittleren Schienen im Backofen schieben und die Fisch-Pommes etwa 30 Minuten backen, bis sie schön knusprig sind (Küchenwecker stellen!).

6. Währenddessen den Quark mit Sahne und Milch in einer Schüssel glatt rühren. Die Kräuter waschen, gut abschütteln und im Mixer pürieren. Die Kräuterpaste unter den Quark rühren und mit 1 TL Salz und 1 Prise Pfeffer würzen.

7. Die Fisch-Pommes aus dem Backofen holen und sofort mit grünem Quark servieren.

Fisch-Pommes – so wird's gemacht:

1. Die Kartoffeln nacheinander der Länge nach halbieren, dann die Hälften noch einmal längs halbieren.

2. An einer Seite mit einem Messer die Kartoffelspalten für den Kopf etwas abrunden und ein Fischmaul einschneiden.

3. Auf der anderen Seite mit dem Messer die Kartoffeln so einschneiden, dass es wie eine Fischflosse aussieht.

Räucherlachskringel

Für 10 Räucherlachskringel braucht man:

10 fertig gekaufte Bagels

10 Scheiben Räucherlachs

2 TL Zitronensaft

2 Bund Dill

400 g Doppelrahmfrischkäse

Salz • Pfeffer

1. Die Bagels mit etwas Wasser beträufeln, auf ein Backblech setzen und im Backofen bei etwa 110 Grad (Umluft 100 Grad) kurz aufbacken.

2. Die Lachsscheiben mit dem Zitronensaft beträufeln. Den Dill waschen und trockenschütteln. Zehn Stiele beiseite legen, die restlichen Stiele abzupfen. Den Frischkäse mit den Dillspitzen, Salz und Pfeffer in einer kleinen Schüssel verrühren.

3. Die Bagels mit Topfhandschuhen aus dem Backofen nehmen, kurz abkühlen lassen und aufschneiden.

4. Die untere Bagelhälfte mit jeweils einer Lachsscheibe belegen, dann etwa 2 Esslöffel Frischkäsemischung darauf streichen. Die Bageloberseite darauf setzen und mit einem Dillstiel garniert servieren.

● Man kann die Bagels auch mit je 1 Tomate, 1 (eingelegten) Artischockenherz, einigen Oliven und 1 Scheibe gekochtem Schinken belegen.

● Die Bagels können auch mit je ein paar Mozzarella- und Tomatenscheiben, ein paar Zwiebelringen und frischem Basilikum sowie etwas Olivenöl und Balsamico-Essig gefüllt werden.

Übrigens...

Und so bäckt man Bagels selbst: Für 10 Bagels 375 g Mehl, 1 Päckchen Trockenhefe, 1 TL Salz, 4 TL Zucker, 140 ml Milch, 50 g Butter mit 2 Eiern zu einem Teig kneten. Den Teig gehen lassen und ausrollen. Mit einem Glas Kreise ausstechen, mittig aus den Kreisen kleinere Kreise ausstechen. Die Teigkringel im kochenden Wasser mit 3 TL Zucker 4 Minuten garen. Auf ein Backblech setzen, mit Milch bestreichen und mit Sesamsamen bestreuen. Im vorgeheizten Backofen bei 200 Grad (Umluft 180 Grad) 25 Minuten backen.

Drachenfest

Im Herbst fallen die Kastanien und die reifen Äpfel zu Boden. Auch die Blätter segeln von den Bäumen. Selbst wenn der Wind sie noch ein Weilchen durch die Luft wirbelt, landen sie am Ende immer auf der Erde. Warum eigentlich? Weil die Anziehungskraft der Erde auf alle Gegenstände wirkt.

Warum fliegt ein Drachen?

Ohne Wind geht nichts

Wie schafft es ein Drachen, in die Luft zu steigen? Er überwindet die Erdanziehung mithilfe der Luft. Im Herbst ist es windig und Wind setzt die Luft in Bewegung. Deshalb lässt man Drachen im Herbst steigen, und damit er nicht davonfliegt, hält man ihn an einer Schnur fest. Mit dieser Schnur kann man den Drachen sogar lenken. Wenn man ihn geschickt führt, stellt sich der Drachen schräg zur Richtung des Windes. Der Wind bläst so von unten, hebt den Drachen hoch und trägt ihn durch die Lüfte.

Wie kommt der Drachen zu seinem Namen?

Feuer speiende Drachen, die in ihrer Gestalt an Riesenechsen erinnern, kennt jedes Kind aus Märchen und Sagen. Während diese Fabelwesen in der europäischen Kultur als Angst einflößende Ungeheuer bekannt sind, haben die Chinesen den Drachen früher als Gott des Regens und der Fruchtbarkeit verehrt. Kein Wunder also, dass der gleichnamige Flugapparat aus China stammt. Vor etwa 2000 Jahren wurde

dort die erste Schlange mit Drachenkopf in die Luft geschickt. Von dort aus verbreitete sich der Drachen über Korea, Japan und Malaysia nach Indien über den Pazifischen Ozean nach Amerika. Zu uns kam der Flugdrachen mit den Händlern, die ihre Waren mit dem Schiff den weiten Weg von Ostasien nach Europa brachten.

Spiel, Sport und Wetterfrosch

Heute werden Drachen bei uns vor allem bei Spiel und Sport eingesetzt. Während sie im alten China mehr bei religiösen Festen in die Luft geschickt wurden, beförderten Wetterforscher der westlichen Welt bis ins 20. Jahrhhundert hinein ihre Messgeräte mithilfe von Drachen in die Luft. Berühmt ist das Experiment, das Benjamin Franklin 1752 mit einem Drachen durchführte: Er ließ ihn in einem Gewittersturm steigen, um die Elektrizität von Blitzen zu erforschen. Franklin hatte dabei großes Glück, nicht vom Blitz erschlagen worden zu sein. Aber nicht nur Messgeräte, auch Boote, Kutschen und Schlitten ließ man von Drachen ziehen. Schließlich ist der Drachen im Stande, Menschen in der Luft schweben zu lassen. Mit Recht wird er deshalb als Vorläufer des Flugzeugs betrachtet.

Herbstliches Drachenfest

Herbstzeit ist Drachenzeit

Blauer Himmel, die Sonne scheint noch warm, der Wind hat aber schon genügend Kraft, um einen Drachen zu tragen. Das Herbstlaub leuchtet in allen Farben. Also schnell den Drachen gepackt und nichts wie raus! Doch vorher gibt es für die Partygäste noch jede Menge köstlicher Überraschungen …

Ein herbstlicher Tisch

Zum herbstlichen Drachenfest passt ein intensiv getöntes Tischtuch in Dunkelrot oder sattem Gelb, den Farben des Herbstlaubs. Dazu leuchtend bunte Servietten, die in Rautenform gefaltet wie kleine Drachen aussehen. Das geht so: Die Serviette auf den Tisch legen, sodass eine Ecke nach oben weist. Nun die beiden seitlichen Ecken so zur Mitte führen, dass die Seitenkanten auf der Mittellinie zusammentreffen. Glatt streichen, umdrehen und fertig ist die **Drachenserviette**.

Kastanien und Herbstlaub

Gut machen sich auch Kastanien, die man auf den Tisch gestreut hat, wenn möglich einige in der aufgeplatzten, stacheligen Schale lassen. Lustig sehen dazwischen auch kleine **Kastanientiere** aus: Einfach mit Zahnstochern zwei Kastanien als Kopf und Bauch zusammenstecken und Beine und Schwanz aus halbierten Zahnstochern herstellen. Als Tischkärtchen eignen sich gepresste Herbstblätter (nach dem Sammeln etwa 5 Tage zwischen den Seiten

schwerer Bücher pressen), auf die man die Namen der Gäste notiert hat, oder **Drachenkarten**. Diese lassen sich ganz leicht aus Fotokarton herstellen: Den Karton in der Form eines Drachens zuschneiden. Auf die Rückseite ein Stück Bindfaden kleben, an das man in regelmäßigen Abständen bunte Schleifchen aus Krepp- oder Seidenpapier geknotet hat. Die Vorderseite mit den Namen der Gäste versehen und auf oder vor den Tellern verteilen.

Zum Schluss eine Girlande

Farbenprächtige **Blättergirlanden** lassen sich ganz leicht basteln, indem man gepresste Herbstblätter auf eine Schnur fädelt. Dazwischen kann man auch einzelne Kastanien fädeln. Mit einem kleinen Handbohrer lassen sich Löcher durch die Kastanien bohren. Die Girlanden über dem Tisch aufhängen oder auch mittig auf den Tisch legen. Stellt man noch eine Schale mit Äpfeln, Nüssen und Trauben auf den Tisch, so hat man eine essbare Dekoration. Und jetzt können die Gäste kommen.

Und so macht man einen Apfelkönig:

1. Auf eine Walnuss ein Gesicht malen. Bart und Haare aus Watte ankleben. Eine Goldpapierkrone zuschneiden, auf den Kopf kleben.

2. Einen Zahnstocher unten in das Nussgesicht stecken und den Nusskopf auf die Unterseite eines Apfels setzen.

3. Ein Stück Stoff von etwa 10 x 15 Zentimetern ausschneiden. Auf einer Seite einen Faden durch den Stoff fädeln.

4. Den Stoff mit dem Faden zu einem Umhang zusammenziehen und um den Apfelkönig legen.

Party-Timer

2 Wochen vor dem Fest

- Ort und Dauer des Fests festlegen (z. B. Wohnzimmer, Garten oder Park)
- Gästeliste aufstellen
- Gäste einladen, Helfer organisieren

1 Woche vor dem Fest

- Bunte Papierservietten, Herbstblätter, Kastanien usw. besorgen und Bastelarbeiten ausführen
- Lebensmittel kaufen, die lange haltbar sind (Nüsse, Traubensaft, Pizzatomaten, Kürbis usw.)

1 bis 2 Tage vor dem Fest

- Früchte, Salat, Champignons, Salami und Schinken einkaufen
- **Traubenlimo** herstellen, **Nusstörtchen** und **Apfeltaschen** backen
- Partyraum dekorieren

Am Vormittag des Festtags

- **Salat** und Dressing vorbereiten
- **Pizza** und **Kürbisrisotto** vorbereiten
- Obst waschen und klein schneiden, mit Klarsichtfolie abdecken und kühl stellen
- Teller, Besteck und Gläser für nachmittags und abends vorbereiten

Kurz bevor die Gäste kommen

- **Schoko-Soßen** vorbereiten
- Tisch decken, **Drachenservietten** falten
- **Traubenlimo** in große Glaskrüge füllen und bereitstellen
- **Apfeltaschen** auf den Tisch stellen
- Teig für **Blaubeerpfannkuchen** vorbereiten
- **Kürbisrisotto** fertig stellen

Während des Fests

- **Schoko-Obst-Fondue** zubereiten
- **Pizza** und **Blaubeerpfannkuchen** backen
- **Salat** anmachen
- **Kürbisrisotto** erwärmen

Kein Fest ohne frische Luft

Auch wenn das Wetter am Tag des Fests zu wünschen übrig lässt, sollte man einen Teil der Party ins Freie verlegen. Denn Luft und Bewegung helfen, überschüssige Energie freizusetzen. Ein paar Bewegungsspiele oder ein kleines Wettrennen wirken Wunder. Frisch ausgelüftet kommen alle wieder in die Wohnung und das Fest kann munter weitergehen.

Nusstörtchen

Für 50 bis 60 Törtchen braucht man:

3 große (oder 4 kleine) Eiweiß

Salz

150 g Puderzucker

1 Päckchen Vanillezucker

100 g zarte Haferflocken

100 g geriebene Mandeln

100 g geriebene Haselnüsse

1. Den Backofen auf 150 Grad (Umluft 140 Grad) vorheizen. Ein Backblech mit Backpapier auslegen.
2. Das Eiweiß mit 1 Prise Salz in einer Rührschüssel mit den Quirlen des Rührgeräts steif schlagen.
3. Dann den Puderzucker und den Vanillezucker dazugeben und alles noch 3 Minuten weiterschlagen, bis die Masse steif und glänzend ist.

4. Etwa 2 EL des Zucker-Eischnees in eine kleine Schüssel geben und beiseite stellen.

5. Die Haferflocken, die Mandeln und die Nüsse in einer Schüssel mischen. Diese Mischung nach und nach mit einem Teigschaber unter den Zucker-Eischnee rühren.

6. Mit zwei Teelöffeln kleine Nusshäufchen auf das Blech setzen. Auf jedes Törtchen ein kleines Eiweißhäubchen vom beiseite gestellten Zucker-Eischnee geben.

7. Das Blech (mit Topfhandschuhen!) auf die mittlere Schiene im Backofen schieben und die Nusstörtchen etwa 20 Minuten backen (Küchenwecker stellen!).

8. Das Blech mit Topfhandschuhen aus dem Ofen nehmen. Das Backpapier auf ein Kuchengitter ziehen und die Nusstörtchen auskühlen lassen.

- Statt des Zucker-Eischnee-Häubchens kann man auch eine ganze Haselnuss auf jedes Törtchen setzen.

Besonders attraktiv sehen die Nusstörtchen aus, wenn man sie in bunte Pralinenförmchen aus Papier setzt. Man kann auch noch kleine Fähnchen in die Nusstörtchen stecken, auf denen die Namen der geladenen Gäste geschrieben sind. So hat man prima Tischkarten!

Blaubeer-Pfannkuchen

Für etwa 10 Portionen braucht man:

500 g Mehl
2 EL Zucker • 2 TL Backpulver
Salz • 2 Eier • 6 EL Butter
750 ml Buttermilch oder Joghurt
200 g Blaubeeren
5 TL Öl zum Braten
10 EL Ahornsirup

1. Mehl, Zucker, Backpulver und Salz in einer Schüssel vermischen.

2. An einer zweiten Schüssel die Eier aufschlagen und hineingleiten lassen. 2 EL Butter in einem kleinen Topf bei mittlerer Hitze schmelzen lassen, dann mit der Buttermilch oder dem Joghurt zu den Eiern in die Schüssel geben.

3. Die Blaubeeren waschen, verlesen und in die Mitte der Mehlmischung eine Vertiefung hineindrücken. Die

Eimischung und die Blaubeeren in die Mulde geben und alles mit einem Rührlöffel rasch verrühren.

4. In einer Pfanne 1/2 TL Öl auf höchster Stufe erhitzen, eine Suppenkelle voll Teig in die Pfanne fließen lassen, die Pfanne dabei so schwenken, dass der Teig zu einem etwa 12 Zentimeter großen Pfannkuchen verläuft. Den Pfannkuchen backen, bis der Teig locker aufgeht, dann wenden und auch die andere Seite goldbraun backen.

5. Nacheinander 10 Pfannkuchen backen. Butterflöckchen abstechen, auf jeden Pfannkuchen geben und je 1 EL Ahornsirup darüber träufeln. Die Pfannkuchen noch warm servieren.

Pfannkuchen – so wird's gemacht:

1. Den Teig in die Pfanne geben und durch Schwenken der Pfanne gleichmäßig verteilen.

2. Den Pfannkuchen backen, bis er locker aufgeht, wenden und die andere Seite backen.

Apfeltaschen

Für etwa 30 Apfeltaschen braucht man:

Für den Mürbeteig:

500 g Mehl • 150 g Zucker

Salz • 2 Eier • 250 g kalte Butter

5 EL saure Sahne

Mehl für die Arbeitsfläche

Zum Füllen und Bestreichen:

3 Äpfel • 1 EL Zitronensaft

80 g Zucker • 1 TL Zimtpulver

50 g geriebene Mandeln

2 Eigelb • Puderzucker

1. Das Mehl als kleinen Berg auf die Arbeitsplatte häufen. In die Mitte mit einem Esslöffel eine Mulde drücken.

2. Zucker und 1 Prise Salz dazugeben. Die Eier über einer Schüssel aufschlagen und in die Mulde gleiten lassen. Die kalte Butter in kleinen Stücken auf dem Mehl verteilen. Die saure Sahne in die Mitte geben.

3. Alles zuerst mit einem großen Messer durchhacken, bis die Masse krümelig ist. Mit (gewaschenen!) Händen zu einem Teig verkneten, zu einer Kugel formen und mit Frischhaltefolie abgedeckt etwa 30 Minuten kalt stellen.

4. Währenddessen die Äpfel vierteln, schälen und das Kerngehäuse entfernen. Die Viertel in dünne Scheiben schneiden, mit Zitronensaft, 40 g Zucker und dem Zimt etwa 20 Minuten ziehen lassen. Dann die Mandeln und den restlichen Zucker dazugeben.

5. Den Backofen auf 180 Grad (Umluft 160 Grad) vorheizen. Ein Backblech mit Backpapier auslegen. Die Arbeitsfläche mit Mehl bestäuben.

6. Den Teig auf der Arbeitsplatte mit dem Nudelholz etwa 5 Millimeter dick ausrollen und mit dem Messer in Quadrate von etwa 12 x 12 Zentimeter teilen (siehe rechts).

7. Auf jedes Teigquadrat 2 TL von der Apfelmasse setzen. Dann alle vier Teigenden oben zusammendrücken und

leicht verdrehen, sodass die Taschen gut geschlossen sind (siehe rechts).

8. Die Apfeltaschen auf das Blech setzen. Das Eigelb in einer Tasse verquirlen und die Taschen damit bepinseln.

9. Das Blech (mit Topfhandschuhen!) auf die mittlere Schiene im Backofen schieben und die Taschen 20 bis 30 Minuten goldgelb backen (Küchenwecker stellen!). Die Taschen möglichst noch warm mit Puderzucker bestreuen.

Apfeltaschen – so wird's gemacht:

1. Den Teig in Quadrate von 12 x 12 Zentimeter schneiden. Auf jedes Teigquadrat 2 TL von der Apfelfüllung setzen.

2. Alle vier Teigenden oben zusammennehmen, leicht verdrehen und andrücken, sodass die Taschen gut geschlossen sind.

Schoko-Obst-Fondue

Für etwa 10 Portionen braucht man:

Zum Eintauchen:

je 1 kg weiße und blaue Weintrauben

3 Äpfel • 3 Birnen • 3 Bananen

Für die Soßen:

200 g Vollmilchkuvertüre

160 ml Milch

200 g weiße Kuvertüre

1. Die Trauben waschen, abzupfen und auf eine große Platte legen. Die Äpfel und die Birnen waschen, vierteln, schälen und in kleine Stücke schneiden, dabei die Kerngehäuse entfernen. Die Bananen schälen und in kleine Scheiben schneiden. Alle Früchte auf einer großen Platte anordnen.

2. Die Vollmilchkuvertüre mit einem Messer grob zerkleinern und in einen Topf geben. 80 ml Milch dazugeben.

3. Den Topf auf mittlerer Stufe erwärmen und die Schokolade unter Rühren langsam schmelzen lassen, dann den Topf beiseite stellen.

4. Die weiße Kuvertüre mit der restlichen Milch in einen weiteren Topf geben und ebenfalls auf mittlerer Stufe abschmelzen lassen.

5. Die beiden Schokoladensoßen jeweils auf 2 kleine Schalen verteilen. Die Obstplatte und die Soßenschüsseln so auf den Tisch stellen, dass alle bequem von ihrem Sitzplatz aus Obst und Soßen erreichen können.

- Am besten findet jedes Kind gleich an seinem Platz neben dem Teller eine lange Gabel oder ein paar Holzspieße. So kann jeder nach Belieben Fruchtstücke aufspießen und in die dunkle oder weiße Schokoladensoße tauchen.

Übrigens...

Wenn man kein Schoko-Fondue machen will, kann man auch Schoko-Spieße für die Party vorbereiten. Dafür die Obststücke abwechselnd auf Holzspieße stecken und im Ganzen mit Schokolade überziehen. Dann auf Alufolie ablegen und fest werden lassen.

Traubenlimo

Für etwa 20 Gläser (à 0,2 l) braucht man:

10 Beutel Früchtetee

3 unbehandelte Zitronen

1–2 EL Kandiszucker

(oder Kristallzucker)

Salz • 2 l Traubensaft

1 Flasche Mineralwasser (0,7 l)

1. 2 Liter Wasser aufkochen lassen. Die Teebeutel in eine große Teekanne oder einen großen Topf geben und mit dem kochenden Wasser überbrühen.

2. Die Zitronen mit warmem Wasser sorgfältig waschen und abtrocknen. Die Schalen mit einem Kartoffelschäler in Streifen abschälen und in den Tee geben.

3. Den Tee etwa 15 Minuten ziehen lassen, dann die Beutel herausnehmen. Die Kandiszuckerstücke (oder den Kristallzucker) einrühren und auflösen.

4. Die geschälten Zitronen halbieren und auspressen. Die Zitronenschalen wieder aus dem Tee fischen. Den Zitronensaft, 1 Prise Salz und den Traubensaft zum Tee gießen. Den Traubentee etwa 1 Stunde kalt stellen.

5. Vor dem Servieren den Traubentee mit dem Mineralwasser verrühren und in große Glaskrüge füllen.

Übrigens...

Bunt verzierte Gläser sehen besonders schön aus. Zum Beispiel kann jedes Kind sein Glas mit einem Filzstift oder einem Glasmalstift mit herbstlichen Motiven oder seinem Namen verzieren – damit auch jeder sein Glas schnell wieder findet!

Kürbisrisotto

Für etwa 10 Portionen braucht man:

700 g Kürbis • 6 Kartoffeln

2 l Wasser • 2 TL Salz

3 Zwiebeln • 2 Knoblauchzehen

10 Kerbelzweige

4 EL Butter • Milch nach Belieben

5 EL Olivenöl • 600 g Risottoreis

$1^1/_2$ l Gemüsebrühe

1. Den Kürbis vierteln, schälen, die Kerne entfernen und das Fruchtfleisch in kleine Würfel schneiden. Die Kartoffeln waschen, schälen und in Würfel schneiden. Beides in einem Topf mit Wasser und dem Salz bei mittlerer Hitze weich kochen.

2. Inzwischen die Zwiebeln und die Knoblauchzehen schälen, halbieren und in feine Würfel schneiden. Die Kerbelzweige waschen, trockenschütteln und klein zupfen.

3. Das Kürbis-Kartoffel-Wasser abgießen. Mit einem Rührlöffel die Masse cremig rühren und 2 EL Butter darunter mischen, eventuell etwas Milch dazugeben, bis die Kürbis-Kartoffel-Masse dickflüssig wird.

4. Das Öl und die restliche Butter in einer Pfanne auf höchster Stufe erhitzen und die Zwiebelwürfel darin glasig dünsten, dabei die Hitze zurückschalten. Den Knoblauch dazugeben und leicht bräunen lassen.

5. Den Reis zu den Zwiebeln und dem Knoblauch geben und etwa 2 Minuten anbraten, 1 l Gemüsebrühe dazugießen und den Reis unter Rühren köcheln lassen, bis die Flüssigkeit verdampft ist. Die restliche Brühe dazugießen und den Risotto köcheln lassen, bis er cremig ist.

6. Die Kürbis-Kartoffel-Masse unter den Reis rühren. Den Risotto auf zehn Teller verteilen und mit Kerbelzweigen dekoriert servieren.

Übrigens...

Kürbis ist nicht gleich Kürbis. Rund um den Globus existieren hunderte von Sorten, die sich teilweise aber so geringfügig unterscheiden, dass nur Fachleute sie auseinander halten können. Kürbisse, die 100 kg wiegen, sind keine Seltenheit. Um in das Guinness-Buch der Rekorde zu kommen, müssen die Gemüse-Riesen schon mehr auf die Waage bringen. Der Weltrekord liegt bei sage und schreibe 570,7 kg!

Drachenpizza

Für 2 Drachenpizzas braucht man:

Für den Quark-Öl-Teig:

500 g Magerquark
8 EL Öl • Salz
3 Eier • 800 g Mehl
Öl für die Bleche
Mehl zum Ausrollen

Für den Belag:

2 EL Öl • 8 EL Tomatenmark
2 Tetrapaks Pizzatomaten (à 500 g)
Salz • Pfeffer
je 1 TL getrockneten Majoran, Thymian und Basilikum
1 grüne Paprikaschote
200 g Champignons
je 100 g Salami und Schinken
200 g Gouda (in Scheiben)
12 schwarze Oliven

1. Den Quark, das Öl, 1 TL Salz und die Eier in eine Schüssel geben und alles mit den Knethaken des Rührgeräts verrühren.

2. Das Mehl auf den Quark sieben und den Teig mit (gewaschenen!) Händen verkneten. Zu einer Kugel formen, in Frischhaltefolie wickeln und 30 Minuten ruhen lassen.

3. Inzwischen für den Belag das Öl in eine kleine Schüssel geben. Tomatenmark und Pizzatomaten dazugeben, dabei die Tomaten mit einer Gabel zerdrücken. Mit je 1 TL Salz und Pfeffer und den Kräutern würzen.

4. Die Paprika waschen, halbieren, die Kerne und die weißen Innenhäute herausschneiden. Das Fruchtfleisch in feine Streifen schneiden.

5. Die Champignons mit einem Backpinsel oder Küchenpapier von der Erde befreien. In feine Scheiben schneiden. Salami und Schinken in kleine Stücke schneiden.

6. Zwei Backbleche mit je 1 EL Öl einfetten. Vom Teig ein kleines Stück (für das Drachenkreuz!) beiseite legen. Den restlichen Teig in zwei Portionen auf

den Backblechen mit einem bemehlten Nudelholz so ausrollen, dass eine Drachenform entsteht (siehe Foto). Den Teigboden mit der Gabel an mehreren Stellen einstechen.

7. Den Backofen auf 180 Grad (Umluft 160 Grad) vorheizen. Den Teig mit der Tomatenmasse bestreichen. Darauf Champignons, Salami- und Schinkenstücke verteilen und mit Gouda belegen. Aus dem beiseite gelegten Teig fingerdicke Rollen für die Kreuze in der Mitte formen.

8. Die Bleche (mit Topfhandschuhen!) auf die mittlere Schiene im Backofen schieben und die Pizzas etwa 20 Minuten backen (Küchenwecker stellen!).

9. Die fertigen Pizzas mit Topfhandschuhen aus dem Ofen holen. Dann mit Paprikastreifen und Oliven ein Drachengesicht legen (siehe Foto).

Herbstsalat mit Mais

Für etwa 10 Portionen braucht man:

1 Romanasalat

1 Lollo-Rosso-Salat

2 Möhren

2 Tomaten

1 grüne Paprikaschote

300 g Maiskörner (aus der Dose)

je 2 Stängel Petersilie, Schnittlauch und Dill

4 Toastbrotscheiben

8 EL ÖL

3 EL Zitronensaft

1 TL Senf • Salz • Pfeffer

50 g Parmesan (am Stück)

1. Die Blätter vom Strunk der Salatköpfe ablösen und welke Blätter oder dicke Rippen entfernen. Die Salatblätter in reichlich kaltem Wasser waschen. Die Blätter in ein Salatsieb geben und gründlich abschütteln, in kleine, mundgerechte Stücke zupfen und in eine große Salatschüssel geben.

2. Die Möhren, die Tomaten und die Paprika waschen. Die Möhren mit einem Kartoffelschäler schälen und in feine Scheiben oder dünne Stifte schneiden.

3. Die Tomaten halbieren, den Stielansatz entfernen und die Tomaten in kleine Stücke schneiden. Die Paprika halbieren, Kerne und weiße Innenhäute herausschneiden, dann das Fruchtfleisch in kleine Würfel schneiden.

4. Möhren, Tomaten und Paprika mit in die Salatschüssel geben. Die Maiskörner durch ein Sieb abgießen und ebenfalls in die Schüssel geben.

5. Petersilie, Schnittlauch und Dill unter fließendem kaltem Wasser waschen, gut abschütteln und auf einem Brettchen klein hacken.

6. Die Toastbrotscheiben in kleine Würfel schneiden. 1 bis 2 EL Öl in eine Pfanne geben und auf mittlerer Stufe erhitzen. Die Brotwürfel darin goldbraun rösten.

7. In einer kleinen Schüssel ein Dressing aus dem restlichen Öl, dem Zitronensaft und dem Senf anrühren. Mit $^1/_2$ TL Salz und 1 Prise Pfeffer und den Kräutern würzen.

8. Das Dressing über den Salat träufeln und alles gut vermischen. Den Parmesan mit einem Kartoffelschäler über den Salat hobeln und noch einmal vermischen. Zuletzt die Brotwürfel über den Salat streuen.

So einen gemischten Salat kann man wunderbar verändern: Entweder man streut ein paar geröstete Walnüsse darüber. Oder man nimmt statt Maiskörner frische, in Scheiben geschnittene Champignons.

Halloween-Party

Das Halloween-Fest ist aus Irland, England und Amerika zu uns gekommen. Der Name Halloween (sprich: Hällowien) kommt von Hallow evening, was so viel heißt wie „Abend der Heiligen“. Denn Halloween feiert man am Abend vor Allerheiligen und ist den verstorbenen Heiligen gewidmet. Und am darauf folgenden Tag ist Allerseelen, der Gedenktag aller Verstorbenen.

Die Gespenster kommen!

Die Toten stehen auf

Die Menschen glaubten früher, am Halloween-Abend kämen die Toten aus ihren Gräbern, um die Lebendigen zu besuchen. Davor fürchteten sich die Leute natürlich ein bisschen. Es galt also, sich die Geister vom Leib zu halten, ohne sie dadurch zu verärgern. Man wusste ja nicht, ob die Gespenster einem sonst nicht einen Streich spielen würden. Um sie freundlich zu stimmen, stellte man also etwas Essbares vor die Haustür. Doch was tun, um die Gespenster davon abzuhalten, ins Haus hineinzukommen? „Nichts scheuen Geister mehr als das Licht", glaubten die Leute. Also stellten sie eine Kerze auf. Damit der Herbstwind das Feuer nicht auspustete, höhlte man Gemüse aus und setzte die Kerze hinein. Und um die Gespenster zu erschrecken, schnitzte man einfach schauerliche Fratzen in die Gemüselaternen.

Kürbisse statt Rüben

In Irland machte man die Gespensterlampen früher aus Rüben. Als die Auswanderer das Halloween-Fest mit nach Amerika brachten, wurden die Rüben durch Kürbisse ersetzt. Denn Kürbisse waren in der Neuen Welt Ende Oktober in großen Mengen reif und sie eigneten sich zum Schnitzen und Gestalten auf Grund ihrer Größe viel besser als Rüben. Auch Totengerippe und Gespensterattrappen hielt man für ein wirksames Mittel, um die umherwandelnden Toten abzuschrecken. Außerdem waren die Menschen früher davon überzeugt, dass Geister sehr geräuschempfindlich seien. Also machte man zu Halloween jede Menge Krach.

Gruselkarneval

Heute glauben die Menschen natürlich nicht mehr an Gespenster. Daher feiert man in Irland, England und Amerika Halloween wie eine Art Gruselkarneval. Kinder und Erwachsene verkleiden sich als Gespenster, tragen leuchtende Kürbisfratzen durch die Straßen und machen einen Höllenlärm. Die Kinder rösten Kastanien im Feuer. Aus der Art, wie die Schalen der Kastanien aufspringen, glauben sie etwas über die Zukunft zu erfahren.

Halloween-Party

Feiern im Geisterraum

Eine Halloween-Party ist genau das Richtige für Gruselfreunde. Gespenster und Vampire, Hexen und Spinnen, schauerliche Kürbisköpfe und Totengerippe eignen sich zur Dekoration und zum Verkleiden. Eine schaurig-schöne Atmosphäre entsteht zuallererst durch Abdunkeln des Partyraums: Schwarze Stoffbahnen vor Regale und Schränke hängen und dunkel bemalte Glühbirnen in die Lampen schrauben – und fertig ist das Gruselkabinett.

Der Halloween-Tisch

Eine effektvolle Tischdekoration ist eine weiße Papiertischdecke, auf die man mit schwarzem Filzstift Spinnennetze gemalt hat. Darauf die Lakritzspinnen (siehe Kasten rechts) verteilen. Zur Beleuchtung des ansonsten abgedunkelten Raums tragen zum Beispiel kleine ausgehöhlte Zierkürbisse bei, in denen Teelichter brennen.

Flatternde Nachtboten

Aus schwarzem Tonpapier eine **Fledermauskette** schneiden und über dem Tisch aufhängen. Dafür Tonpapierbögen in etwa 10 Zentimeter breite Streifen schneiden und in gewünschter Länge aneinander kleben. Den Papierstreifen wie eine Ziehharmonika falten. Mit Bleistift auf das oberste Blatt eine Fledermaus zeichnen, und zwar so, dass die Seiten der Flügel mit den Papierseiten abschließen. Ausschneiden, auseinander falten, an den Enden Schnüre befestigen und aufhängen.

Teufel, Hexen und Gespenster

Als Tischkärtchen eignen sich **Papierrollengeister**. Dafür Klopapierrollen mit Papier bekleben, auf das man vorher mit Filzstift Gespenster-, Teufel- und Hexenköpfe und -körper gemalt hat, und mit den Namen der Gäst versehen. Auf ein weiteres Stück Papier je zwei Arme und Hände malen und ausschneiden. Mit der Schere zwei kleine Schlitze in die Papierrolle stechen und die Arme hineinstecken. Passend buntes Seidenpapier zerknüllen und oben in die Papprolle stecken, sodass es ein wenig herausragt. Darüber ein Gespenstergewand (zum Beispiel weißes Seidenpapier) oder ein Hexenkopftuch kleben. Für den Teufel zwei schwarz gefärbte Zahnstocher als Hörner hineinstecken. Außerdem einen Teufelsschwanz auf Papier malen und ausschneiden. Dafür einen Schlitz wie bei den Armen hinten in die Rolle schneiden und den Schwanz hineinstecken. Vor den Gedecken verteilen und Speisen auftragen. Gleich kann die Party losgehen!

Und so macht man Lakritzspinnen:

1. Etwa 1 EL Marzipanrohmasse zu einer Kugel formen und etwas flach drücken. Falls es sehr klebt, Puderzucker unterkneten.

2. Von einer Lakritzschnecke 8 gleiche, etwa 3 cm lange Stücke abschneiden. Als Beine seitlich in den Marzipankörper stecken.

3. Zwei kleine Lakritzstücke abschneiden und als Augen in den Spinnenkörper drücken.

4. Den Rücken mit Kokosflocken oder Schokostreuseln bestreuen und diese im Marzipankörper etwas festdrücken.

Party-Timer

2 Wochen vor dem Fest

- Ort und Dauer des Fests festlegen (z. B. Wohnzimmer oder Hobbykeller)
- Gästeliste aufstellen
- Gäste einladen, Helfer organisieren

1 Woche vor dem Fest

- Minikürbisse, Kerzen, Tonpapier usw. besorgen und Bastelarbeiten ausführen
- Haltbare Lebensmittel wie Schokolade, weiße Mäuse, Nudeln, Kürbis, Taco-Schalen usw. einkaufen

1 bis 2 Tage vor dem Fest

- Restliche Lebensmittel einkaufen
- **Schoko-Kuchen** und **Kürbisbrötchen** backen
- **Kürbissuppe** ohne Sahne und Kerne zubereiten
- **Karkadeschaum** zubereiten
- Partyraum dekorieren

Am Vormittag des Festtags

- **Nudelsalat** zubereiten
- **Vampir-Trank** zubereiten
- **Sandwiches** und **Hackfleisch-Tacos** vorbereiten
- Teller, Besteck und Gläser für nachmittags und abends vorbereiten

Kurz bevor die Gäste kommen

- Tisch decken, **Papierrollengeister** als Namensschilder aufstellen
- **Vampir-Trank** in große Glaskrüge füllen und bereitstellen

Während des Fests

- **Kürbissuppe** fertig stellen und aufwärmen
- **Salat** fertig stellen
- **Sandwiches** und **Hackfleisch-Tacos** fertig stellen
- Mit den Kindern **Lakritzspinnen** und **Gruselholzspieße** basteln

Kürbisbotschaften

Wenn die Halloween-Party eine Geburtstagsfeier ist, kann man auf die Briefchen, die in die Kürbisbrötchen (siehe Seite 164) eingebacken werden, Glück- und Segenswünsche für das Geburtstagskind schreiben. Bei Tisch lesen die Gäste dann nacheinander vor, was auf den Zetteln steht, die sie im Brötchen gefunden haben. Es können neben Sprüchen auch Anfänge von Liedern sein, die man dann gemeinsam singt...

Karkadeschaum

Für etwa 10 Portionen braucht man:

200 ml starken Karkadetee

4 EL gemahlene Gelatine

12 EL Wasser • 150 g Zucker

200 g Sahne • 4 Orangen

8–10 Datteln • 3 EL Pinienkerne

1. Den Karkadetee zubereiten (siehe Kasten rechts) und abkühlen lassen.

2. Das Gelatinepulver in einem Topf mit 8 EL kaltem Wasser verrühren und bei mittlerer Hitze unter Rühren auflösen. Abkühlen lassen.

3. Den Tee in eine Schüssel gießen, 120 g Zucker dazugeben und verrühren, bis er sich aufgelöst hat. 60 g flüssige Sahne dazugießen und unterrühren.

4. Mit den Quirlen des Rührgeräts die restliche Sahne in einem Mixbecher steif schlagen.

5. Die flüssige Gelatine in den Zuckertee geben, mit dem Schneebesen verrühren und die geschlagene Sahne unterziehen. Die Masse mit Frischhaltefolie abdecken, in den Kühlschrank stellen und einige Stunden oder über Nacht fest werden lassen.

6. Die Orangen schälen und in Schnitze teilen. Die Orangenschnitze filetieren (von der Haut trennen) und in kleine

Stücke schneiden. Die Kerne aus den Datteln entfernen und die Datteln in Streifen schneiden. Die Pinienkerne grob hacken.

7. Die Datteln und Orangen in eine Schüssel geben und mit dem restlichen Zucker, 2 EL Wasser und den Pinienkernen vermischen. Die Orangen-Dattel-Mischung auf Desserttellern verteilen.

8. Aus dem Karkadeschaum mit einem in heißes Wasser getauchten Esslöffel Nocken abstechen und auf die Orangen-Dattel-Mischung setzen.

Übrigens...

Für 200 ml starken Karkadetee 5 bis 6 Karkade-Filterteebeutel (erhältlich im Reformhaus) mit 200 ml kochendem Wasser übergießen und 15 Minuten ziehen lassen. Dabei erlebt man zuerst ein „blaues“, dann ein „rubinrotes“ Wunder. Die in Karkade enthaltenen Hagebutten, Hibiskusblüten, Äpfel, schwarzen Johannisbeeren und Gewürze verursachen eine kräftige Farbe, die sich nach kurzer Zeit verändert.

Schoko-Mäuse-Kuchen

Für 1 großes Blech braucht man:

Butter für das Blech
500 g Sahne
300 g Zucker
1 Päckchen Vanillezucker
6 Eier
500 g Mehl
je 200 g geriebene Zartbitter- und Vollmilchschokolade
1 Päckchen Backpulver
6–8 EL Milch

Zum Verzieren:

400 g Zartbitterkuvertüre
20 weiße Schaumzucker-Mäuse

1. Den Backofen auf 180 Grad (Umluft 160 Grad) vorheizen. Ein tiefes Backblech mit Butter einfetten.

2. Die Sahne in eine Schüssel geben und mit den Quirlen des Rührgeräts halb fest schlagen. Den Zucker und den Vanillezucker dazugeben und unterrühren.

3. Die Eier über einer Rührschüssel trennen, die Eiweiße in eine Rührschüssel gleiten lassen. Die Eigelbe zur Sahne geben und vorsichtig mit dem Schneebesen unterrühren.

4. Das Mehl in einer Schüssel mit der geriebenen Schokolade und dem Backpulver vermischen, zur Sahne-Eigelb-Mischung geben und mit dem Schneebesen einrühren. Die Milch dazugeben, ebenfalls unterrühren.

5. Die Quirle mit warmem Wasser gründlich waschen. Dann das Eiweiß damit steif schlagen. Den Eischnee mit dem Teigschaber vorsichtig unter den Schoko-Teig heben. Den Teig auf dem Backblech verteilen, dabei die Oberfläche mit dem Teigschaber glatt streichen.

6. Das Blech (mit Topfhandschuhen!) auf die mittlere Schiene im Backofen schieben und den Kuchen etwa 1 Stunde lang backen (Küchenwecker stellen!).

7. Den fertigen Kuchen mit Topfhandschuhen aus dem Ofen nehmen und ein paar Minuten auf dem Blech lassen. Dann vorsichtig auf ein Gitter oder eine Platte stürzen und ganz abkühlen lassen.

8. Die Kuvertüre im Wasserbad schmelzen lassen und den Kuchen damit dick bestreichen. Die weißen Mäuse auf den Kuchen setzen und antrocknen lassen. Den Kuchen so aufschneiden, dass auf jedem Stück eine Maus sitzt.

- Wenn das Kinderfest ein Geburtstag ist, kann man zu den weißen Mäusen auch noch kleine Kerzen auf die Kuchenstücke setzen.

Kürbisbrötchen

Für 10 Kürbisbrötchen braucht man:

100 g Magerquark • 100 g Butter

50 g frisch geriebenen Käse

je 1 Prise geriebene Muskatnuss und Paprikapulver • Salz

150 g Mehl (und Mehl zum Formen)

2 Eigelb • 20 Kürbiskerne

Zum Füllen:

10 Streifen Butterbrot- oder Backpapier

10 kleine Stücke Alufolie

1. Den Quark, die Butter und den Käse mit der Muskatnuss, dem Paprikapulver und 1 Prise Salz in eine Schüssel geben und mit den Knethaken des Rührgeräts gut verkneten.

2. Das Mehl auf den Teig sieben und den Teig mit (gewaschenen!) Händen glatt verkneten. Den Teig zu einer Kugel formen, mit Frischhaltefolie bedecken und etwa 30 Minuten kalt stellen.

3. Währenddessen 10 geheime Nachrichten oder Namen auf die Papierstreifen schreiben und jeden Streifen in ein Stück Alufolie wickeln (siehe Seite 159 und rechts).

4. Den Backofen auf 180 Grad (Umluft 160 Grad) vorheizen. Ein Backblech mit Backpapier auslegen.

5. Aus dem Teig mit bemehlten Händen 10 kleine Kugeln von etwa 3 Zentimeter Durchmesser formen. Jede Kugel flach drücken, das Alufoliepäckchen darauf setzen und ganz mit Teig umhüllen. Dann mit dem Messerrücken rundherum leichte Längsrillen einritzen, sodass die Kugel eine Kürbisform bekommt (siehe rechts).

6. Die Brötchen auf das Backblech setzen. Die Eigelbe in einer Tasse verquirlen und die Kürbisbrötchen damit bepinseln. Jeweils 2 Kürbiskerne als Stiel oben hineindrücken.

7. Das Blech (mit Topfhandschuhen!) auf die mittlere Schiene im Backofen schieben und die Brötchen 30 Minuten backen (Küchenwecker stellen!).

Kürbisbrötchen – so wird's gemacht:

1. Aus dem Mürbeteig mit bemehlten Händen 10 kleine Kugeln von etwa 3 Zentimeter Durchmesser formen. In jede Kugel mit den Fingern eine Mulde drücken und ein Alupäckchen hineinsetzen. Dann die Kugeln wieder verschließen.

2. Die Kugeln flach drücken und mit dem Messerrücken rundherum leichte Längsrillen wie bei einem Kürbis einritzen.

Vampir-Trank

Für etwa 20 Gläser (à 0,2 l) braucht man:

10 Beutel Hagebuttentee

8 EL Honig oder 6 EL Kristallzucker

4 EL Zitronensaft

10 EL Rote-Bete-Saft

8 Blutorangen

Außerdem:

Eiswürfel (nach Belieben)

1. In einem großen Topf 3 l Wasser zum Kochen bringen. Die Teebeutel in das heiße Wasser geben und die Herdplatte ausschalten. Den Tee mindestens 20 Minuten ziehen lassen.

2. Dann die Teebeutel entfernen und den Honig oder den Zucker unterrühren. Den Zitronen- und Rote-Bete-Saft dazugießen.

3. 6 Blutorangen auspressen und zum Getränk geben.

4. Die restlichen 2 Orangen schälen und quer in dünne Scheiben schneiden. Die Scheiben vierteln und in den Hagebuttentee geben.

5. Wenn der Vampir-Trank kalt sein soll, lässt man ihn ganz auskühlen und gibt vielleicht noch Eiswürfel hinein. Nach Bedarf noch etwas nachsüßen.

Und so kann man den Vampir-Trank verändern:

- Wer keine Roten Beten mag, lässt den Saft einfach weg. Oder: Statt Rote-Bete-Saft Kirschsaft nehmen.
- Wenn man keine Blutorangen bekommt, kann man entweder gekauften Blutorangensaft nehmen. Oder man nimmt normale Orangen.

Übrigens...

Rote-Bete-Saft hat einen etwas erdigen Geschmack. In diesem Vampir-Trank mischt er sich aber sehr gut mit dem Aroma der Blutorangen und des Hagebuttentees. Zu kaufen gibt's den Rote-Bete-Saft übrigens im Naturkostladen. Vorsicht: Die roten Flecken gehen sehr schwer wieder aus der Kleidung – wie die von echtem Blut!

Kürbissuppe

Für etwa 10 Portionen braucht man:

1 große Lauchstange

1 große Zwiebel • 50 g Butter

1 kg Kürbisfleisch (geschält und entkernt)

1 kg mehlig kochende Kartoffeln

2 Würfel Gemüsebrühe

Salz • Pfeffer

1 Prise geriebene Muskatnuss

200 g Sahne

5 EL geröstete Kürbiskerne

1. Die Lauchstange putzen, der Länge nach halbieren, unter fließendem kaltem Wasser waschen und gut abschütteln. Beide Lauchhälften in Streifen schneiden. Die Zwiebel schälen, halbieren und in feine Würfel schneiden.

2. Die Butter in einem großen Topf auf mittlerer Stufe erhitzen und die Lauchstreifen mit den Zwiebelwürfeln darin anbraten.

3. Das Kürbisfleisch in feine Würfel schneiden. Die Kartoffeln unter fließendem kaltem Wasser abbürsten, schälen und ebenfalls klein schneiden. Kürbis- und Kartoffelstücke zum Lauch-Zwiebel-Gemisch geben.

4. Etwa 2 l Wasser zum Gemüse in den Topf gießen und die Gemüsebrühwürfel dazugeben. Die Hitze auf höchste Stufe stellen, bis die Suppe kocht. Dann zurückschalten und die Suppe bei mittlerer Hitze zugedeckt etwa 20 Minuten kochen lassen. Mit 2 TL Salz, $1/2$ TL Pfeffer und der Muskatnuss würzen.

5. Wenn alle Gemüsestücke weich gekocht sind, die Suppe mit dem Stabmixer gut pürieren. Zum Schluss die Sahne zur Kürbissuppe geben und die gerösteten Kürbiskerne darüber streuen.

- Wer mag, serviert die Suppe in ausgehöhlten Kürbissen.

Pumpkins

... heißen Kürbisse auf Englisch. Das Wort kommt aus der Sprache der Indianer, für die Kürbisse wie auch Mais zu den Grundnahrungsmitteln zählten. Da man Kürbisse sehr leicht züchten und vielseitig verwenden kann, sind sie zum Liebling der amerikanischen Einwanderer geworden. Und zu ganz besonderen Ehren kommen Kürbisse natürlich an Halloween, weshalb sie auch bei keiner Halloween-Party fehlen dürfen ...

Truthahn-Sandwiches

Für 10 Sandwiches braucht man:

2–3 Tomaten • ½ Salatgurke

20 Blätter Kopfsalat oder Eisbergsalat

20 Scheiben Kastenweißbrot

4 EL Mayonnaise

10 Scheiben geräucherte Putenbrust

1. Die Tomaten waschen, halbieren, Stielansatz entfernen und das Fruchtfleisch in dünne Scheiben scheiden.

2. Die Salatgurke waschen und ebenfalls in Scheiben schneiden. Die Salatblätter waschen und gründlich trockentupfen.

3. Die Weißbrotscheiben toasten und dünn mit Mayonnaise bestreichen.

4. Je 2 Salatblätter auf 10 Brotscheiben legen und die Putenbrust auf den Salat geben.

5. Die Tomaten- und Gurkenscheiben auf das Fleisch legen.

6. Die belegten Sandwichscheiben mit je 1 Brotscheibe abdecken. Die Sandwiches mit einem scharfen Messer diagonal durchschneiden.

- Statt Tomaten und Gurken kann man auch Paprikastreifen oder eingelegte Maiskölbchen, statt Kopfsalat Lollo-Rosso-Salat nehmen.
- Ei-Mantel: 4 Eier mit 400 ml Milch verquirlen, salzen, die Sandwiches darin eintauchen, auf ein Backblech setzen und im Ofen bei 200 Grad (Umluft 180 Grad) überbacken.
- Mehr Biss: das Kastenweißbrot durch Vollkorntoastbrot mit Sonnenblumenkernen ersetzen.

Damit die Truthahn-Sandwiches besser zusammenhalten, einfach lange Holzspieße hineinstecken, die mit Gruselfiguren beklebt werden können. Zum Beispiel Hexen, Teufel, Fledermäuse, Dämonen oder Spinnen aus bunt bemaltem Fotokarton je zweimal deckungsgleich zuschneiden und die Spieße zwischen die Figuren kleben.

Hackfleisch-Tacos

Für etwa 10 Tacos braucht man:

1 große Zwiebel
3–4 EL Öl
600 g gemischtes Hackfleisch
oder Putenhack
3 grüne Chilischoten
8 EL scharfe Taco-Soße
10 Taco-Shells (Taco-Schalen)
Pfeffer
1–2 TL Salz
60 g Rosinen
100 g gehackte Mandeln
20 Blätter grünen Salat
4–5 Tomaten
200 ml Salsasoße
400 g saure Sahne

1. Die Zwiebel schälen, halbieren und in feine Würfel schneiden. Das Öl in einer Pfanne auf höchster Stufe erhitzen. Die Zwiebelwürfel hineingeben und bei mittlerer Stufe anbraten, bis sie glasig sind.

2. Das Hackfleisch in die Pfanne geben, mit dem Rührlöffel zerteilen und etwa 5 bis 7 Minuten braten.

3. Die Chilischoten waschen und in feine Ringe schneiden. Mit der Tacosoße zum Hackfleisch geben und alles 5 Minuten kochen lassen.

4. Inzwischen die Taco-Schalen nach Packungsanleitung im Backofen erwärmen.

5. Das Hackfleisch mit Pfeffer und Salz würzen. Die Rosinen und die gehackten Mandeln darunter rühren.

6. Die Salatblätter waschen, trockenschütteln und in Streifen schneiden. Die Tomaten waschen, halbieren, die Stielansätze entfernen und die Tomaten in feine Würfel schneiden.

7. Die Taco-Schalen mit Topfhandschuhen aus dem Backofen nehmen und auf eine Platte legen.

8. Das Hackfleisch mit den Salatstreifen und den Tomatenwürfeln gleichmäßig in die noch warmen Tacoschalen füllen.

9. Jede Tacoschale mit etwas Salsa-Soße und saurer Sahne garnieren und sofort servieren.

- Wer es nicht so scharf mag, entfernt einfach die weißen Kerne aus den Chilischoten oder nimmt stattdessen 1 bis 2 Paprikaschoten.

Nudel-Würstchen-Salat

Für etwa 10 Portionen braucht man:

Salz • 600 g Penne

1 Glas Gewürzgurken

4 Tomaten • 1 Apfel

5 Paar Wiener Würstchen

200 g Naturjoghurt

2 EL Crème fraîche

Saft von 1/2 Zitrone

Pfeffer

1. In einem großen Topf mit geschlossenem Deckel auf höchster Stufe ausreichend Wasser zum Kochen bringen.

2. Erst 1 TL Salz, dann die Penne ins Kochwasser geben und auf mittlere Stufe zurückschalten.

3. Die Nudeln im offenen Topf kochen, dabei immer wieder mal umrühren, damit sie nicht zusammenkleben.

4. Inzwischen die Gurken abtropfen lassen und in Scheiben schneiden.

5. Die Tomaten waschen, die Stielansätze herausschneiden und die Tomaten in Würfel schneiden.

6. Den Apfel waschen, vierteln und vom Kerngehäuse befreien. Dann in feine Scheiben schneiden.

7. Die Wiener Würstchen schräg in etwa 4 bis 5 Millimeter dicke Scheibchen schneiden.

8. Die fertigen Nudeln (probieren!) in ein Sieb abgießen, kurz mit kaltem Wasser abbrausen, dann abtropfen lassen.

9. In einer großen Salatschüssel den Joghurt mit der Crème fraîche und dem Zitronensaft mit einem Schneebesen gut verrühren. Mit 1/2 TL Salz und 1 Prise Pfeffer würzen.

10. Die Penne, die Gurken-, Tomaten-, Apfel- und Würstchenstücke dazugeben und alle Zutaten mit der Soße gründlich vermischen.

- Bei Nudelsalat sind der Fantasie keine Grenzen gesetzt. Man kann Nudeln aller Art und Form verwenden.
- Zu Halloween passen besonders gut schwarze Nudeln und schwarze Oliven in den Nudelsalat.

Übrigens...

Für Nudelsalat müssen die Nudeln im Sieb nach dem Kochen immer mit kaltem Wasser übergossen werden, damit sie nicht zusammenkleben. Wenn sie später dennoch zusammenkleben, einfach in ein Sieb geben und über Wasserdampf erwärmen. Dann lösen sie sich wieder voneinander.

Schneeflockenfest

Was gibt es Schöneres, als morgens aufzuwachen, die Vorhänge beiseite zu schieben und draußen wirbeln weiße Flocken? Der erste Schnee! Nichts wie hinaus und einen Schneemann bauen oder eine kleine Schneeballschlacht veranstalten. Doch wie entstehen eigentlich Schnee und Eis? Die Vorstellung, dass Frau Holle und ihre jugendlichen Helfer die Betten ausschütteln, ist zwar ganz hübsch, aber wissenschaftlich völlig unhaltbar.

Wie entsteht Schnee?

Nichts weiter als Wasser

Dass Schnee und Eis aus nichts anderem bestehen als Wasser, weiß jedes Kind. Wird es wärmer, ist die weiße Pracht schnell zu eben diesem Element dahingeschmolzen. Also ist schon mal klar, dass das Geheimnis von Schnee und Eis mit der Temperatur zu tun hat.

Eine Frage der Temperatur

In den Wolken mischen sich Luft und Wassertröpfchen. Fällt die Temperatur in der Wolke unter 0 Grad, erstarren die Wassertröpfchen zu Eis. Wie durch ein Wunder ordnen sich die gefrorenen Wassertröpfchen zu einer regelmäßigen Struktur. Sie bilden so genannte Kristalle. Schneekristalle sehen wie verzweigte Sterne mit sechs Strahlen aus.

Was ist eine Schneeflocke?

Ganz einfach! Mehrere Schneekristalle fügen sich zusammen – und fertig ist die Schneeflocke. Je kälter es ist, umso kleiner werden die Flocken. Dicke Schneeflocken entstehen, wenn die Luft relativ warm ist, denn dann „kleben" die Kristalle leichter aneinander fest. Wer sich einmal eine Schneeflocke unter der Lupe angeguckt hat, weiß, dass die Kristalle ein luftiges Gitter bilden. Die Schneeflocken sind also sehr leicht im Verhältnis zu ihrer Größe. Daher können sie wie alle leichten Gegenstände schweben und tanzen.

Wie bildet sich Reif?

An kalten Wintermorgen sind die Pflanzen mit einer weißen Schicht überzogen, selbst wenn es in der Nacht nicht geschneit hat. Diese Schicht nennt man Raureif. Sie ist die Winterversion des Morgentaus. Denn nachts kühlt die Luft ab und gibt dabei einen Teil ihrer Feuchtigkeit ab. Im Winter gefrieren die Tautropfen zu Eiskristallen, dem Raureif, der sich auf Bäumen, Sträuchern und Hausdächern absetzt.

Wie entstehen Eiszapfen?

Sonnige Wintertage sind die beste Voraussetzung für die Bildung von Eiszapfen. Denn wenn die Sonne zum Beispiel auf ein Hausdach scheint, beginnt der Schnee zu schmelzen. Es entstehen Wassertropfen, die vom Dach hinunterfließen. Ist es an der Stelle, wo das Wasser vom Dach rinnt, schattig, oder kühlt es nachts ab, gefrieren die Wassertropfen auf ihrem Weg zum Boden und bilden lange Nasen, die so genannten Eiszapfen.

Schneeflockenfest

Feiern bei Eis und Schnee

Ein Kinderfest im Winter – kein Problem! Denn wenn draußen dicke Flocken wirbeln, ist es drinnen umso gemütlicher. Und bei Schneemannbau und Schlittenpartie kann man sich außerdem einen ordentlichen Appetit auf das Büfett zulegen. Aber wenn es gar nicht schneit? Dann sorgt zumindest die winterliche Dekoration für eine festliche Stimmung.

Eiskristalle und Glanzlichter

Eine **Eiskristall-Tischdecke** lässt sich mit den vereinten Kräften der ganzen Familie schnell herstellen: Quadratisch zugeschnittenes Butterbrotpapier zu einem Dreieck falten, dieses noch zweimal zur Mitte falten, dann beliebige Ecken herausschneiden und auseinander falten. Die Papierkristalle in mehrfacher Ausfertigung auf eine nachtblaue Papiertischdecke kleben. Einfache **Teelichter** werden zu leuchtenden Sternen, wenn man sie mit Goldpapier beklebt und auf Goldpapiersterne stellt.

Tannenbäumchen und Schneeflocken

Auf die Festtafel passen **Mini-Tannenbäume**. Mit einer Schablone Tannenbäume auf grünen Fotokarton zeichnen und ausschneiden. Dabei immer ein Bäumchen in der Mitte bis zur Hälfte von unten nach oben und eines von oben nach unten einschneiden. Die beiden Teile zusammenstecken und die Bäumchen auf dem Tisch verteilen. Die Winterland-

schaft wird perfekt, wenn man noch **Schneeflocken-Girlanden** über dem Tisch anbringt. Dazu kleine weiße Wattebäusche in regelmäßigen Abständen an Nylonfäden knüpfen und diese in verschiedenen Längen an der Decke über dem Tisch befestigen. Wenn sie so in der Luft schweben, sieht das aus, als ob es schneien würde. Einen hübschen Glanzeffekt erzielt man, indem man die Wattebäusche mit Sprühkleber benetzt und in Silberglitter wälzt oder mit Silberspray besprüht. Einen feinen weihnachtlichen Duft verbreiten kleine **Wachsanhänger**. Mit Plätzchenformen aus Bienenwachsplatten Herzen, Blumen, Sterne oder Monde ausstechen und mit rotem Geschenkband an Tannenzweige in der Vase hängen.

So macht man Marzipan-Schneemänner:

1. Aus etwa 50 g Marzipanrohmasse drei verschieden große Kugeln formen. Die Kugeln in Puderzucker wälzen.

2. Mit Zahnstochern zuerst die größte Kugel mit der mittleren Kugel, dann diese noch mit der kleinsten Kugel verbinden.

3. Ein Alu-Pralinenförmchen als Hut auf den Kopf des Schneemanns setzen. Aus Papier eine rote Nase formen und anstecken.

4. Aus Papier und Zahnstocher einen Besen basteln, der zugleich als Namensschild dienen kann.

Party-Timer

2 Wochen vor dem Fest

- Ort und Dauer des Fests festlegen
- Gästeliste aufstellen
- Gäste einladen, Helfer organisieren

1 Woche vor dem Fest

- Butterbrotpapier, Watte, Tonpapier, Fotokarton usw. besorgen und Bastelarbeiten ausführen
- Haltbare Lebensmittel wie Eis, Popcorn-Mais, Mandeln und Gewürze einkaufen

1 bis 2 Tage vor dem Fest

- Restliche Lebensmittel einkaufen
- **Punsch** herstellen, evtl. **Bärentatzen** backen
- Partyraum dekorieren
- Marzipan-Schneemänner machen

Am Vormittag des Festtags

- Ragout für **Pastetchen** vorbereiten
- Füllung für **Bratäpfel** vorbereiten
- Teig für **Bärentatzen** und **Mohnnudeln** herstellen und kühl stellen
- Teller, Besteck und Gläser für nachmittags und abends vorbereiten

Kurz bevor die Gäste kommen

- Tisch decken
- **Bratäpfel** füllen und braten
- **Punsch** aufwärmen
- **Kartoffelküchlein** backen und kühl stellen

Während des Fests

- Mit den Kindern **Mohnnudeln** zubereiten oder **Bärentatzen** backen
- **Popcorn** herstellen
- **Weihnachtsreisbrei** kochen
- **Pastetchen** aufbacken, Ragout aufwärmen und in Pastetchen füllen
- **Kartoffelküchlein** aufwärmen und servieren

Die Sache mit den Geschenken

Oft ist das Geburtstagskind überfordert, wenn die Gäste hereinstürmen und ihm alle auf einmal die Geschenke in die Hand drücken. Wo ablegen bzw. wie öffnen? Mit einem Gabentisch, auf dem alle Geschenke abgelegt werden, und einer Pause zwischen den Spielen, in der das Geburtstagskind die Geschenke in Ruhe auspacken und würdigen kann, lässt sich Hektik vermeiden. Und alle können sich gemeinsam über die Geschenke freuen.

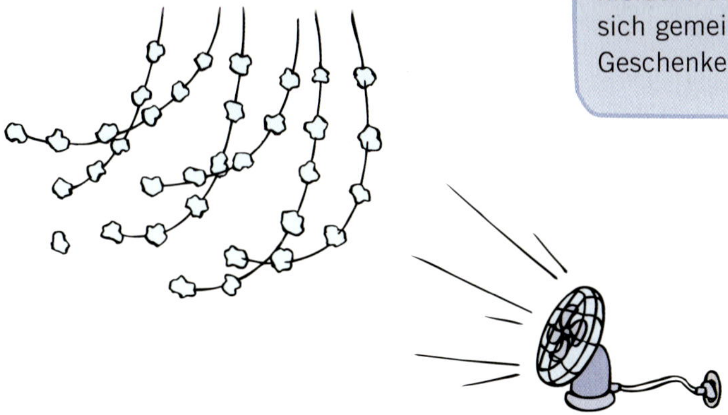

Weihnachtsreisbrei

Für etwa 10 Portionen braucht man:

Für den Brei:

800 ml Wasser • $1^1/_2$ TL Salz

1 TL Zimtpulver

600 g Milchreis • etwa 1,5 l Milch

1 geschälte Mandel

Zum Servieren:

2 TL Zimtpulver • 100 g Zucker

1 l Milch

1. Das Wasser mit dem Salz und dem Zimt in einem ofenfesten Topf auf höchster Stufe zum Kochen bringen.

2. Den Reis hineinrieseln lassen und die Hitze zurückschalten. Etwa 15 Minuten köcheln lassen. Inzwischen den Backofen auf 110 Grad (Umluft 100 Grad) vorheizen.

3. Die Milch zum Reis gießen und auf höchste Stufe schalten, sodass der Reis einmal kurz aufkocht. Den Topf von der Herdplatte nehmen und die Mandel in den Reis geben.

4. Den Reis im Topf mit Topfhandschuhen in den Backofen schieben und etwa 35 Minuten garen.

5. Zimt und Zucker in einer kleinen Schüssel verrühren. Den Weihnachtsreisbrei auf zehn Schälchen verteilen, mit dem Zimtzucker bestreuen und mit frischer Milch servieren.

● Man kann auf den Reisbrei auch einen Löffel Erdbeer-Konfitüre (oder andere Konfitüre) setzen.

Finderlohn

Es ist ein alter finnischer Brauch, im Weihnachtsreisbrei eine Mandel zu verstecken. Wer diese Mandel erwischt, der wird – so glaubt man – als nächster Hochzeit feiern. Wen der glückliche Finder zum Traualtar führen wird, das bleibt allerdings sein Geheimnis.

Mohnnudeln

Für etwa 10 Portionen braucht man:

400 g Weizenmehl

100 g Hartweizengrieß

4 Eier • 4 TL Salz

je 2 EL Öl und Wasser

Mehl zum Ausrollen • 150 g Butter

4 EL frisch gemahlenen Mohn

4–5 EL Puderzucker

1. Das Mehl und den Grieß auf die Arbeitsplatte häufen. Mit einem Esslöffel eine kleine Mulde hineindrücken. Die Eier an einer Tasse aufschlagen und in die Mulde gleiten lassen. $^1/_2$ TL Salz, das Öl und das Wasser ebenfalls in die Mulde geben. Mit den (gewaschenen!) Händen alles zu einem festen Teig kneten. Den Teig zu einer Kugel formen und etwa 30 Minuten ruhen lassen.

2. Die Arbeitsplatte mit Mehl bestreuen und den Teig mit einem bemehlten Nudelholz dünn ausrollen.

3. Den Teig mit einem Messer in etwa 20 Zentimeter lange Streifen schneiden und kurz antrocknen lassen.

4. Einen Topf mit reichlich Wasser füllen, das restliche Salz dazugeben und zum Kochen bringen. Die Nudeln in das Salzwasser geben und etwa 3 Minuten garen. In ein Sieb abgießen und abtropfen lassen.

5. Die Butter in einer Pfanne auf höchster Stufe schmelzen lassen, die Nudeln in die Pfanne geben, die Hitze zurückschalten und die Nudeln in der Butter erwärmen. Den Mohn dazugeben und alles gut vermischen.

6. Die Mohnnudeln auf Teller verteilen und mit Puderzucker bestäuben.

Nudeln herstellen – so wird's gemacht:

1. Den Teig mit einem bemehlten Nudelholz dünn ausrollen.

2. Mit einem Messer den Teig in fingerbreite Streifen schneiden.

3. Die Nudeln antrocknen lassen und in Salzwasser kochen.

Bratäpfel mit Vanilleeis

Für 10 Bratäpfel braucht man:

100 g Amaretti-Kekse
6 EL Mandelsplitter
4 EL Rosinen
1 TL Zimtpulver
4 EL Zitronensaft
Butter für die Form
10 Äpfel (z. B. Cox Orange)
4 EL Butter • 10 EL Apfelsaft
750 ml Vanilleeis

1. Die Amaretti in einen Gefrierbeutel füllen und den Beutel gut verschließen. Die Amaretti mit dem Nudelholz oder dem Fleischklopfer fein zerdrücken (siehe rechts), dann in eine kleine Schüssel geben.

2. Die Mandelsplitter, die Rosinen und das Zimtpulver zu den Keksbröseln geben. Alles mit Zitronensaft begießen und etwa 20 Minuten ziehen lassen.

3. Den Backofen auf 180 Grad (Umluft 160 Grad) vorheizen. Eine für 10 Äpfel ausreichend große ofenfeste Form mit Butter einfetten.

4. Die Äpfel waschen, jeweils einen Deckel abschneiden und mit dem Messer oder Apfelausstecher die Kerngehäuse entfernen.

5. Die Keks-Mandel-Mischung mit einem Teelöffel in die Äpfel füllen (siehe rechts). Dann nebeneinander in die Auflaufform setzen. Die restliche Füllung um die Äpfel herum verteilen.

6. Die Deckel vom Stiel befreien und wieder auf die Äpfel setzen. Ein paar Butterflöckchen auf die Äpfel geben.

7. Die Form (mit Topfhandschuhen!) auf die mittlere Schiene im Backofen schieben. Nach 10 Minuten die Äpfel mit dem Apfelsaft begießen. Weitere 20 Minuten braten, bis das Fruchtfleisch schön weich ist. Die Äpfel auf Teller verteilen und mit Vanilleeiskugeln servieren.

● Bratäpfel können beim Braten leicht platzen oder bekommen eine schrumpelige Haut. Wenn man sie vor dem Braten mit etwas Butter oder Öl bepinselt, bleiben sie schön glatt.

Äpfel braten – so wird's gemacht:

1. Die Amaretti in einen Gefrierbeutel füllen, verschließen. Dann mit dem Nudelholz oder dem Fleischklopfer fein zerdrücken. Von den gewaschenen Äpfeln einen Deckel abschneiden, mit einem Messer oder Apfelausstecher die Kerngehäuse entfernen.

2. Die Keks-Mandel-Mischung mit einem Teelöffel in die Äpfel füllen. Die übrige Füllung um die Äpfel herum verteilen.

Bärentatzen

Für 50 bis 60 Bärentatzen braucht man:

3 Eiweiß

1–2 EL Zitronensaft

150 g Puderzucker

200 g geriebene Mandeln oder Haselnüsse

100 g Schmelzhaferflocken

200 g geriebene Zartbitterschokolade

Zum Verzieren:

etwa 3 EL Mandelsplitter

1. Den Backofen auf 150 Grad (Umluft 140 Grad) vorheizen. Ein Backblech mit Backpapier auslegen.

2. Die Eiweiße mit dem Zitronensaft in einer Rührschüssel mit den Quirlen des Rührgeräts steif schlagen. Den Puderzucker dazugeben und weitere 2 Minuten schlagen.

3. In einer weiteren Schüssel die Mandeln oder Haselnüsse mit den Haferflocken und der Schokolade vermi-

schen. Die Nuss-Schoko-Mischung mit einem Teigschaber unter die Eiweißmasse rühren.

4. Mit feuchten (gewaschenen!) Händen etwa 1 bis 2 Zentimeter große Kugeln aus dem Teig formen und auf das Backblech setzen. Die Kugeln etwas flach drücken und auf einer Seite jeweils 4 Mandelsplitter als Bärenkrallen hineindrücken.

5. Das Blech (mit Topfhandschuhen!) auf die mittlere Schiene im Backofen schieben und die Bärentatzen etwa 20 Minuten backen (Küchenwecker stellen!). Die Kekse sollen nicht zu dunkel werden. Dann herausnehmen und auf einem Kuchengitter abkühlen lassen.

Übrigens...

Bei vielen Backrezepten bleibt entweder Eiweiß oder Eigelb übrig. Eigelb kann man mehrere Tage im Kühlschrank aufheben: Einfach das Eigelb in ein hohes Gefäß geben und etwas kaltes Wasser oder Öl darüber gießen.
Eiweiß kann man in einer Tasse ein paar Tage im Kühlschrank aufbewahren. Oder man macht daraus einen schnellen Nachtisch: Dazu Eischnee unter eine Mischung aus geschmolzener Schokolade und Schlagsahne mischen.

Feuriger Punsch

Für 20 Gläser (à 0,2 l) braucht man:

6 EL losen Hagebuttentee

1 gestrichenen TL Nelkenpulver

1 gestrichenen TL Anispulver

2 Zimtstangen

2 Zitronen • 4 Orangen

1/2 l schwarzen Johannisbeersaft

8–10 EL Honig

1. Einen großen Topf auf den Herd stellen und 4 l kaltes Wasser hineingeben. Den Hagebuttentee, das Nelkenpulver, das Anispulver und die Zimtstangen dazugeben.

2. Das Wasser auf höchster Stufe erhitzen und einmal aufkochen lassen, bis es sprudelt. Dann etwa 30 Minuten bei niedriger Hitze zugedeckt ziehen lassen (Küchenwecker stellen!).

3. Anschließend den Punsch durch ein feines Sieb in einen weiteren Topf abgießen und auf mittlerer Stufe wieder erwärmen.

4. Die Zitronen und die Orangen auspressen, den Saft auffangen und unter den Punsch mischen. Den Johannisbeersaft hinzufügen und den Honig darin auflösen. Den heißen Punsch sofort in Teegläsern servieren, den Rest warm halten.

Wenn man Zitrusfrüchte wie Zitronen oder Orangen auspressen will, sollte man sie vorher mit der flachen Hand auf der Arbeitsfläche unter leichtem Druck hin- und herrollen. Dadurch geben sie beim Auspressen mehr Saft ab.

Und so kann man den Punsch verändern:

- Statt des losen Hagebuttentees Tee in Beuteln nehmen. Für 10 Portionen Punsch reichen etwa 10 Beutel Hagebuttentee.

Popcorn-Schnee

Für etwa 10 Portionen braucht man:

6 TL Öl

500 g getrocknete Maiskörner

2 TL Salz

1. Mit einem Pinsel eine Pfanne mit etwas Öl einstreichen. 5 bis 6 EL Maiskörner in die Pfanne geben und auf mittlerer Stufe erwärmen. Einen Deckel auf die Pfanne setzen.

2. Nach ein paar Minuten ist ein Knallen aus der Pfanne zu hören. Den Deckel jetzt nicht öffnen – Vorsicht: Die Körner können weit herausspringen!

3. Wenn nichts mehr zu hören ist, die Pfanne von der Herdplatte nehmen und das fertige Popcorn in eine große Schüssel geben.

4. Dann die Pfanne wieder mit Öl einpinseln und die nächste Portion Popcorn machen.

5. Auf diese Weise fortfahren, bis der ganze Popcorn-Mais aufgebraucht ist. Das Salz über das fertige Popcorn streuen und gut vermischen.

6. Das Popcorn in einer großen Schüssel servieren oder in kleine Tütchen (siehe rechts) füllen und verteilen.

Und so macht man süßes Popcorn:

Wer Popcorn lieber süß mag, kann das Rezept ganz leicht verändern: Dafür 100 g Butter in einem kleinen Topf bei mittlerer Hitze schmelzen lassen. 6 EL Zucker, 1/2 TL Zimtpulver und die abgeriebene Schale einer unbehandelten Orange in die flüssige Butter mischen. Statt Salz einfach diese Mischung über das fertige, noch warme Popcorn gießen und alles gut vermischen.

Übrigens...

Während das Popcorn knallt, kann man schon mal Tüten dafür basteln: Aus Papier oder Pappe für jede Tüte ein rechteckiges Stück von etwa 10,5 mal 9,5 Zentimetern ausschneiden. Die Pappe zu einer Spitztüte rollen und seitlich zusammenkleben.

Kartoffelküchlein

Für etwa 10 Portionen braucht man:

8 Kartoffeln

1 Zwiebel

4 Eier

100 g Mehl

2 TL Salz • Pfeffer

400–500 ml Olivenöl zum Braten

800 g Apfelmus

400 g saure Sahne

1. Die Kartoffeln waschen und schälen. Die Zwiebel schälen und halbieren. Die Kartoffeln und die Zwiebel auf einer Gemüsereibe fein reiben oder in einer Küchenmaschine mit Reibaufsatz fein raspeln. In einem Sieb abtropfen lassen und mit den Händen so viel Flüssigkeit wie möglich herauspressen.

2. Die Kartoffel- und Zwiebelraspeln in eine Schüssel geben. Die Eier in eine Tasse aufschlagen und mit einer Gabel verquirlen. Zu den Kartoffeln geben.

3. Das Mehl sofort unter das Kartoffel-Eier-Gemisch rühren. Salz und Pfeffer dazugeben. Damit die Kartoffeln nicht braun werden, sollte der Teig schnell verrührt werden. Den Backofen auf 160 Grad (Umluft 150 Grad) vorheizen.

4. Eine große Pfanne etwa 2 Zentimeter hoch mit Öl füllen und auf mittlerer Stufe erhitzen. Wenn das Öl heiß ist, aus dem Kartoffelteig mit den Händen kleine Küchlein formen oder den Teig mit einem Esslöffel in das heiße Öl geben und etwa 2 Minuten braten, bis die Unterseite braun ist. Mit dem Pfannenwender vorsichtig umdrehen und auf der anderen Seite ebenfalls etwa 2 Minuten goldbraun braten.

5. Auf diese Weise alle Küchlein nacheinander backen, bis der Teig aufgebraucht ist. Eventuell noch etwas Öl in die Pfanne geben, damit der Teig immer gut mit Öl bedeckt ist.

6. Die jeweils gebackenen Küchlein auf eine ofenfeste Platte legen, (mit Topfhandschuhen!) auf die mittlere Schiene im Backofen schieben und warm halten.

7. Die Kartoffelküchlein auf Teller verteilen, jeweils einen Klacks Apfelmus und/oder saure Sahne dazugeben und noch warm servieren.

Pastetchen

Für 10 Pastetchen braucht man:

300 g Champignons

1 EL Mehl • 1 Zwiebel

400 g Putenbrustfilet

10 Blätterteigpastetchen mit Deckel

3 EL Öl

1/2 Würfel Gemüsebrühe

100 g Sahne • 1 Bund Petersilie

1/2 TL geriebene Muskatnuss

1 Prise Currypulver

Salz • Pfeffer • 2 Zitronen

1. Den Backofen auf etwa 100 Grad (Umluft 90 Grad) vorheizen. Inzwischen die Champignons mit einem Backpinsel oder etwas Küchenpapier von der Erde befreien. Dann in feine Scheiben schneiden. In eine Schüssel geben und mit Mehl bestäuben.

2. Die Zwiebel schälen, halbieren und in kleine Würfel schneiden. Das Putenbrustfilet waschen, trockentupfen und in Würfel schneiden.

3. Die Pastetchen mit den Deckeln auf ein Backblech setzen und wie auf der Packung beschrieben aufbacken.

4. Das Öl in einer Pfanne auf mittlerer Stufe erhitzen und die Zwiebelwürfel darin anbraten. Die Putenwürfel dazugeben und rundherum etwa 5 Minuten anbraten. Dann die Champignons dazugeben und kurz mitbraten.

5. In 1 Tasse heißem Wasser den Brühwürfel auflösen und in die Pfanne gießen. Die Sahne dazugeben und alles gut verrühren. Etwa 5 Minuten bei mittlerer Hitze köcheln lassen.

6. Die Petersilie unter fließendem kaltem Wasser waschen, gut abschütteln und fein hacken. Zum Puten-Champignon-Ragout geben. Das Ragout zum Schluss mit Muskatnuss, Currypulver, 1/2 TL Salz und 1 Prise Pfeffer würzen.

7. Die heißen Pastetchen mit Topfhandschuhen aus dem Ofen nehmen, auf Teller setzen und mit dem Ragout füllen. Die Deckel darauf legen und das restliche Ragout um die Pasteten herum verteilen. Die Zitronen mit warmem Wasser sorgfältig waschen, abtrocknen, in Spalten schneiden und zu den Pastetchen servieren.

Übrigens...

Zwiebeln am besten immer mit einem scharfen Messer schneiden. Ein stumpfes Messer zerquetscht die Zellen eher, als dass es sie zerschneidet und dabei tritt viel Saft aus. Dieser Saft lässt dann schnell die Augen tränen und macht die Zwiebeln scharf.

Register

Abkürzungsverzeichnis:

EL = Esslöffel
TL = Teelöffel
l = Liter (1000 ml = 1 Liter)
g = Gramm (1000 g = 1 Kilogramm)
Msp. = Messerspitze

Die Maus-Schablone

Schoko-Maus auf der Torte

Um die Maus auf die Torte zu zaubern, einfach ein Butterbrot- oder Pauspapier auf die Maus-Schablone legen und die Umrisse der Maus abzeichnen. Dann die Maus aus der Butterbrot-Zeichnung entlang der gezeichneten Linie ausschneiden. So erhält man ein Blatt, in dem die Maus fehlt, und gleichzeitig hat man die Maus selbst. Jetzt kann man das Butterbrotpapier auf die Torte legen (zum Beispiel auf die Pfirsich-Sahne-Torte, siehe Seite 40) und Kakaopulver darüber sieben. So erhält man eine Schoko-Maus auf der Torte. Umgekehrt geht es genauso: Man legt die ausgeschnittene Maus auf die Torte und siebt mit Kakaopulver über die Torte – na, was erhält man? Das Gleiche lässt sich auf einem Schokokuchen mit Puderzucker machen. Dann kann man noch Augen, Schnuppernase und Barthaare nachzeichnen – je nachdem mit Kakaopulver oder mit Puderzucker.

Tanz der Mäuse ...

Zum großen Maus-Fest kann man eine lange Maus-Kette aus Papier basteln. Dafür ein Butterbrotpapier auf die Maus legen, die Maus abzeichnen und dann ausschneiden. Nun mehrere weiße oder bunte DIN-A3-Papierbögen in breite Streifen (in Größe der Maus) zuschneiden. Die Papierstreifen wie eine Ziehharmonika falten. Die Maus-Schablone nacheinander auf die gefalteten Papierbögen legen und zwar so, dass die Hände der Maus mit den Papierseiten abschließen. Die Maus ausschneiden, dabei rechts und links ein kleines Stück zusammenhängend lassen. Dann das Papier auseinander falten. Sind alle Bögen geschnitten, zu einer Kette zusammenkleben und an den Enden Schnüre befestigen. Wer mag, kann noch Augen und Schnuppernase aufmalen. Die tanzenden Mäuse als Girlande aufhängen, an die Wand kleben oder um eine Vase wickeln.